项目式学习标准

经过验证的、严谨的、行之有效的课堂教学

[美]
约翰·拉尔默 John Larmer
约翰·梅根多勒 John Mergendoller
苏西·博斯 Suzie Boss
著

SETTING THE STANDARD FOR PROJECT BASED LEARNING

a Proven Approach to Rigorous Classroom Instruction

中国青年出版社

图书在版编目（CIP）数据

项目式学习标准：经过验证的、严谨的、行之有效的课堂教学/（美）约翰·拉尔默，（美）约翰·梅根多勒，（美）苏西·博斯著；李婷婷译. —北京：中国青年出版社，2024.2

书名原文：Setting the Standard for Project Based Learning: a Proven Approach to Rigorous Classroom Instruction

ISBN 978-7-5153-7125-2

Ⅰ. ①项… Ⅱ. ①约… ②约… ③苏… ④李… Ⅲ. ①课堂教学—教学管理
Ⅳ. ①G424.21

中国国家版本馆CIP数据核字（2024）第013411号

项目式学习标准：
经过验证的、严谨的、行之有效的课堂教学

作　　者：[美] 约翰·拉尔默　约翰·梅根多勒　苏西·博斯
译　　者：李婷婷
责任编辑：肖妩嫔
文字编辑：黄　婧
美术编辑：佟雪莹
出　　版：中国青年出版社
发　　行：北京中青文文化传媒有限公司
电　　话：010-65511272 / 65516873
公司网址：www.cyb.com.cn
购书网址：zqwts.tmall.com
印　　刷：大厂回族自治县益利印刷有限公司
版　　次：2024年2月第1版
印　　次：2024年2月第1次印刷
开　　本：787mm × 1092mm　1/16
字　　数：127千字
印　　张：14.5
京权图字：01-2023-2256
书　　号：ISBN 978-7-5153-7125-2
定　　价：49.90元

CONTENTS

目 录

PREFACE

前　言

基于项目式学习（Project Based Learning, PBL）并不是一种新的教学方法，但它现在有了新的声誉和越来越多的支持者。巴克教育研究所（The Buck Institute for Education, BIE）在PBL的发展中发挥了核心作用，在过去20年中，它一直致力于寻找和塑造PBL的最佳实践方法。最初，在那样一个以达标、考试和问责为主导的时代，这些工作似乎没有意义。在当时，严格意味着背诵条目，卓越等同于遵守规定。但时代已经改变。目前对大学和职业准备的关注，以及共同核心国家标准中基于表现的强调，使教育工作者重新审视PBL，并认识到它不仅能够帮助学生提高理解能力，而且还能帮助学生学习和练习他们在大学、职业和生活中取得成功所需要的技能。

在谷歌上搜索“PBL”，可以得到超过300万个结果。报纸上满是关于PBL回归校园的报道。家长和学校董事会鼓励他们的学校采用PBL，许多特许学校正在将其作为课程的核心。越来越多的老师在网上进行交流，分享他们的想法和经验。越来越多的出版商和课程提供者正在制作满足市场需求的资源和材料。诸如新技术网络（New Tech Network）、亚洲协会国际研究学校（Asia Society International Studies Schools）、探险学习学校

（Expeditionary Learning Schools）和美国国家学院基金会的职业导向学院（the National Academy Foundation's career-oriented academies）等组织，将PBL作为其教学核心，极大促进了PBL的发展。几乎每个国家教育会议和州教育会议都会提到PBL。

不过，受欢迎有一个不可避免的结果：质量上的差异。基于项目式学习，就像任何有价值的教学方法一样，需要时间、思考和精心的计划来保证质量。如果PBL做得不好，其声誉将受到影响。设计不当和执行不力的项目不仅浪费时间，还会对学生产生误导，最终不能完成学习目标。有些项目可能“过于松散”，学生参加各种活动，除了“有趣”和一两件低质量的产品外，并没有什么收获。另外，一些老师可能只是在一个传统的结构化单元中增加一个小组报告和演示，并称之为项目——这无法取得PBL预期的效益。PBL声誉的另一个威胁来自我们所说的“甜点项目”（在第四章有更多介绍），这些项目是不需要什么计划、思考或研究就能轻松完成的实践活动。我们真的需要另一间堆满了方块金字塔或泡沫塑料太阳能系统的教室吗？为了让PBL充分发挥作用（不至于成为“开放教室”这样失败的创新），我们需要确保最佳PBL实践达到最高水平。

2010年，巴克教育研究所撰写了一篇题为《基于项目式学习的7个要素》（*7 Essentials for Project Based Learning*）的文章，描述了严格的PBL与简单的“做项目”之间的区别。我们的出版物和教师专业发展研讨会都融入了这些要点，后来还增加了第八个要素——重要内容，旨在提醒自己PBL的目的是教授内容，而不仅仅是教授某些刻板教学中的“软技能”。这8个基本要素在促进有效的课堂实践方面为我们提供了很好的帮助，但现在是时候用更全面的、基于研究的PBL模型来更好地提高我们的教学水平了。

我们写这本书是为了帮助老师和学校领导理解和实践最高质量的基于项目式学习，我们称之为黄金标准的PBL。如你所见，正是因为许多教育思想家和研究人员为PBL黄金标准的发展做出贡献，PBL才得以将成熟的教学实践和学习策略结合在一起。黄金标准的PBL需经过精心的策划与推进，学生完成的工作会得到老师、学生和外部观众正式而精练的评价。

黄金标准的PBL不仅要求学生完成某些目标，还明确要求老师对于项目式教学实践的合理使用。PBL对老师的要求远不是发现或创建一个项目，然后交给学生去做这么简单。老师的示范、讲解、辅助和指导，以及其他传统的教学方法仍然很重要。老师还需要帮助学生适应PBL的新学习需求，这一过程需要时间帮助学生培养新技能，建立自我期望。

为了开发黄金标准PBL新模型，我们自己使用了最佳PBL实践。我们与董事会和员工合作，数次分享了正在进行的工作，包括2014年6月的PBL全球集会、数篇博客、多次会议发言、60多人的全美老师大会，以及一些精通PBL组织结构的代表会谈，通过反复的批评和修正，不断推动PBL发展。我们基于众多的反馈进行反思，总结出42个版本的黄金标准草案。目前我们正准备将其公开。

我们坚信，PBL是为年轻人走向现代社会打下良好基础的重中之重，我们也希望PBL将进入越来越多的教室。要实现这一点，需要学校、老师和学生共同努力，也需要家长和社区对学生给予支持。在编纂本书的过程中，我们考虑到了所有的利益相关者。

本书旨在指导实践和启发思考。本书的前三章主要陈述PBL的必要性、PBL黄金标准和PBL的研究概述。中间的章节描述老师如何成功地设计和管理项目，包括小学到高中老师的笔记和示范。接下来的一章主要关于学校和地区领导人，他们的支持性政策、结构和文化是使PBL全面实践的关键。最后一章我们主要讨论PBL是否能应用于非正式教育场所，比如课后俱乐部、社区项目和暑期学习。附录包含各种类型的项目样本，涉及各个年级和各个学科。

基于项目式学习在全世界范围内越来越受到重视。世界各地的教育工作者越来越认识到，21世纪需要新的教学方法。附录中描述了3个PBL项目（分别来自印度的孟买、加拿大的马尼托巴省和澳大利亚的克莱斯特米德），展示了PBL在全球范围内的吸引力。近年来，我们还认识了来自加拿大、墨西哥、韩国、英国、中国、南非、新加坡、哥斯达黎加、巴基斯坦、日本、巴西、约旦、多米尼加共和国等地对PBL感兴趣的教育工作者。尽管我们使用的术语和对学校教育的描述主要来自美国的教育体系，但我们建议的项目设计原则和管理实践可以应用于任何地方。

我们希望本书能够支持那些已经达到黄金标准PBL的人，指导许多想要改善PBL实践的人，引导更多的人开始在教学中运用PBL——他们都值得且需要得到鼓励和支持。

约翰·拉尔默（John Larmer）

约翰·梅根德勒（John Mergendoller）

苏西·博斯（Suzie Boss）

2015年2月

加利福尼亚州诺瓦托

第一章

为什么选择项目式学习

在巴克教育研究所每年在美国和其他国家举办的数百场“PBL 101”研讨会上，我们要求老师和管理人员描述K－12系统的“理想毕业生”。学校和地区合作伙伴有时会对社区与家长、当地企业和民间组织的人以及其他利益相关者提出同样的问题。但是不管在哪里，得到的答案总是很相似：

- 具备解决问题的能力
- 有责任心
- 具备合作能力
- 具备独立工作的能力
- 具备严谨的思维逻辑
- 自信
- 具备高效管理工作与时间的能力
- 具备良好的沟通能力

在被问到如何让学生达到“理想毕业生”的水平时，老师和学校领导表示，传统的教育方式也能培养出这样的学生。但他们也承认这种情况并不多。于是参与我们PBL研讨会的成员就会继续学习如何让学生具备这些品质和能力，并且深入学习传统的学术知识，以及如何将其应用于现实世界的方法。

我们确实必须警惕当今教育领域的过度炒作。PBL的一些拥护者说它听起来像是治愈所有学校问题的灵丹妙药：PBL将激励被动的学生、恢复教学的乐趣、重建社区、帮助解决世界问题，以及……大幅提高考试成绩！虽然PBL不是灵丹妙药，但这些说法（大部分）背后都有一定道理。我们可以自信地说，基于项目式学习是一种强大的教学方法，它具有以下特点：

- 激励学生
- 让学生为大学、职业和公民身份做好准备
- 帮助学生达到标准，并帮助学生在知识深度理解和思考方面的考试中取得好成绩
- 让老师选择满意的教学方式
- 为学校和学区提供与家长、社区和更广阔的世界沟通和联系的新方式

让我们更进一步看看PBL如何帮助学生、老师和学校。

激励学生

小学生在学校学习和功课方面更有动力，因为他们天生就渴望了解这个世界，并且希望能够读、写和使用数字。他们也倾向于喜欢并想要取悦老师，而且小学阶段的学习通常带有乐趣和玩耍的元素。但是，如果过度使用这些方法，即使是小学生也可能会厌倦作业本、练习题或其他传统的教学方法。

一旦进入初中，尤其是高中，许多学生都表示在校大部分的时间都无法充分地参与学习。有些人的动机可能仍然是为了取得好成绩并取悦他们的老师和父母，但太多的人只是简单地听老师讲课、完成作业、做家庭作业和准备考试。甚至许多绩点很高且选修具有挑战性课程的“模范”学生也承认，尽管他们知道如何当个好学生，但他们并不觉得学习本质上有趣或有意义。一般来说，学生被外部因素驱使学习，而不是真正的“想要学习”。而“想要学习”正是PBL致力达到的关键激励效果。

有研究学者从2006年到2009年对美国的275,925名学生进行了调查。

调查发现，在九年级至十二年级的学生中，49%的学生表示每天至少对一堂课感到无聊，另有17%的人每天对每堂课感到无聊。在回答他们感到无聊的原因时，学生们给出了各种答案，其中排在前三位的是：

- “材料不能吸引我”（81%）
- “材料与我无关”（42%）
- “与老师没有互动”（35%）

学生们还被问及最吸引他们的教学方法。以下是他们的前四名答案：

- 讨论和辩论（61%）
- 小组项目（60%）
- 涉及技术的项目和课程（55%）
- 学生展示（46%）

《追求理解的教学设计》（*Understanding by Design*）的作者兼联合创始人格兰特·威金斯（Grant Wiggins）最近对中西部郊区社区“典型的美国高中”的学生进行了调查，发现了类似的结果。大多数学生表示大部分时间他们感到无聊，并建议老师让学习变得活跃和有趣，设计更多的动手活动，提供与他人讨论我的想法的机会。

更大的动力带来更好的表现

有经验的老师都知道，当学生专注于某个主题或任务时，很多课堂管理问题自会迎刃而解。过去经常扰乱课堂的学生在积极参与他们感兴趣的项目时会呈现出截然不同的表现。他们会更有责任心，并努力完成任务。

这些调查结果都表示，目前需要更有吸引力的教学，而项目式学习正是如此。对于每一个精心设计的项目，有趣且相关的话题、主题和挑战才是核心。正如我们将在后续章节所描述的那样，与老师的互动会贯穿整个过程始终。在项目中经常要求学生进行讨论，包括班级讨论和小组讨论。今天的大多数项目在某种程度上涉及技术，学生演示也是其中的关键环节。

一项针对模范高中学生的调查显示，他们也经常感到无聊，并且对课堂学习漠不关心。研究人员列出了5个“让学习过程不再枯燥”的条件：控制、选择、挑战、复杂度和关爱学生的老师。再一次地，基于项目式学习能够解决这些问题。

激励学生，让他们爱上校园

学生辍学的原因有很多，其中之一是无聊和没有归属感。2006年的一份关于高中辍学的报告显示，“课程不能吸引我”是调查中获得最多选票的回答，47%的学生给出了这个理由。

当在调查中被问及什么可以帮助他们留在学校时，81%的学生表示他们需要有更多与现实世界有关的学习机会。该报告的作者建议学校改进教学和课程，让学校更具相关性和吸引力，并加强学校与工作之间的联系。这正是精心设计的基于项目式学习所做的。

在另一项关于辍学问题的研究中，作者注意到项目给面临辍学风险的学生带来的额外好处：

项目、表演和体验式学习可以帮助学生收获短期成功。如果学生进入高中时的成绩明显低于年级水平，那他们就需要在老师的帮助下，在日常学习中体验成功的感觉。

让学生为未来做好准备

很多关于让学生“为大学和职业做好准备”的讨论都集中在确保学生学习正确的课程，如在数学、科学、英语/语言艺术、历史和其他科目中学习足够的知识。但是，为K-12学校系统的下一步做好准备还有另一个方面，这与学生的态度、习惯和技能有更大关系，而这些并不在传统教育中教授。

一项在初级大学课程中取得成功所需条件的重要研究发现，以下学生常用的“思维习惯”与特定学科的知识和技能都是关键因素：

- 批判性思维能力
- 分析性思维能力
- 解决问题的能力
- 乐于接受和利用批评性反馈意见的能力
- 对失败的可能性持开放态度的能力
- 清晰和有说服力的书面和口头表达能力
- 权衡来源的重要性和可信度的能力
- 能够独立进行推论并得出结论的能力
- 时间管理能力

当雇主被问及对于雇员的期望时，除了工作特定的知识和技能，他们也会给出同上述思维习惯相似的答案：

- 批判性思维和分析推理能力
- 分析和解决复杂问题的能力
- 有效的口头沟通能力
- 有效的书面沟通能力
- 将知识和技能应用于现实世界的能力
- 查找、组织和评价来自多个来源的信息的能力
- 创新能力
- 团队合作技能和在不同小组环境中与他人协作的能力

这两者之间有明确的共识：学生需要的不仅仅是基本的学科领域知识。这些不同的清单中所包含的能力和个人素质被赋予了许多名称：跨学科技能、软技能、思维和工作习惯、深度学习等。

但是，传统的学校教育会教授这些技能吗？

正如我们在本章开头所提到的，教育工作者、家长、大学和雇主希望在毕业生身上看到的许多东西，往往在传统学科领域和教学方法之外。有些老师可能会教与某一特定学科有关的批判性思维技能，但其他老师可能根本不教。即使提供了这样的机会，它们可能不是强制去做的，或者被认为是蕴含在一项作业或活动中的。

但是，PBL可以将这一切结合起来，学生不仅发现自己需要使用大学和职业准备的技能，也能得到相关技能的明确教导和评价，并记录进步过程。如果学生在校几年完成了许多个项目，他们就比那些完成零星几个项目的学生更有机会习得这些技能，而且他们在学习过程中还能得到必要的指导。

顺便说一下，我们并不是说学生应该学习大学和职业准备技能，而不

去学习如何阅读、写作、数学，以及了解一些历史、文学等传统学科。尽管在数字时代，关于任何主题的信息都唾手可得，但是人们仍然需要一定的背景知识来理解这些信息，成为全面发展、具有文化素养的社会成员。学习并理解关键知识应该始终是项目的双重目标之一，另一个目标是习得关键的成功技能。毕竟，学生需要在项目中进行批判性思考或交流，没有知识内容的项目并不能帮助他们解决问题。

大学挑战

当一些家长或教育工作者听到PBL时，他们会疑惑地问："但是大学的教育方式不是这样的啊，这样会不会对学生有害呢？学生难道不应该学会听讲座、记笔记，再参加考试测试一下他们记下了多少信息吗？"

对于这个问题，我们有以下三点解释。首先，倾听和做笔记确实是学生在高中阶段应该练习的重要技能，但一个项目就可以让学生锻炼这两种技能。不同于一些刻板印象，PBL教学方式依然需要老师讲课。在一个项目中，当学生真正想要学习时，最好的教学方式还是老师讲课。学生可能会根据要求去采访专家，并记笔记。同样，在一个项目中，对知识内容的测试可能是一个有效且必要的评价手段。

其次，随着大学生步入高年级，他们会越来越多地接触到非授课式课程。即使在比较传统的大专或学院，本科生也会被要求参与团队工作，在现实世界的实践中使用知识，分析问题，并分享结果。

最后，PBL培养出的学生具备独立学习的能力，这为他们在大学的自我主导和主动性奠定了基础。2014年的一项研究发现，如果高中学校采用"以学生为中心"的教学方式，其毕业生在大学有更高的成功率，研究人员认为这种教学方式包括基于项目的教学、协作学习、相关课程延伸和基于表现的评价。例如，旧金山城市艺术和技术高中97%的毕业生进入四年制大学，第四年仍然在读，奥克兰生活学习学院也有69%的毕业生在读。这两所学校的少数族裔考入大学的人数远超全美平均水平，其中很多学生都是他们家族中第一个上大学的。

现代经济

一个多世纪前顺应工业经济，为了将工人送入工厂，当时的学校只强调基础知识：3个R［阅读（Reading）、写作（Writing）和算术（Arithmetic）］，以及少量的历史和公民知识。工厂的工作没有太高要求，只是在做着最简单的机械式劳动。

在今天的"知识经济"中，大多数工作的成功需要本章前面所列举的各种技能。《与机器人共舞：计算机化工作的人类技能》（*Dancing with Robots: Human Skills for Computerized Work*）报告中提出了这样的观点：未来的发展必然只能依靠人类独特的大脑优势，比如灵活性、解决非常规问题的能力、理解新信息的能力和沟通能力。

在工作中，甚至在大学里，人们也从拥有领导技能中受益。要想管理一个团队，让成员各司其职，在规定期限内完成一系列复杂、拓展的任务，必须付出一定努力。项目为学生（有时尤其是那些不是课堂上的典型活跃者）提供了多种多样的机会来培养这些技能。同样有价值的是自我管理技能，如能够管理自己的时间和任务、独立工作、转化压力，并发挥主动性。

最后，在今天的经济中，大多数人都会换好几份工作，这就要求他们保持灵活，并知道如何学习新技能。学生通过在项目中承担新的和不同的角色来获得这方面的练习。在不断变化的经济中，诸如坚持不懈和坚忍不拔的个人品质（也被称为勇气）将派上用场。学校里以项目为基础的环境有助于建立这些能力，因为学生们调查的问题和议题并不能直截了当地给出答案。几乎可以肯定的是，任何项目都会有意想不到的曲折和挫折，需要学生再三思考，这也让他们意识到他们必须不断地学习新知识。

公民身份与真实生活

在社区、州或国家各层面成为一个可靠的、积极的公民，需要学生掌握很多技能，就像大学和公司的要求一样。无论是与社区成员讨论问题，要求政府或公司解决需求，与官僚机构谈判以完成某项工作，还是简单地在选举中投票，都需要能够批判性地思考、评价信息、积极沟通，并做出有根据的决定。而且就像在工作场所一样，多元化社会中的公民必须能够很好地合作，才能发现和解决问题。

最后，PBL也能帮助年轻人为正常的生活做好准备。因为在生活中，成年人也要处理很多“项目”，比如婚礼计划、建造房屋或者一次公路旅行。学会设定目标、计划一项复杂的工作、收集资源到最后成功完成“基于表现的评价”这样完整的项目流程思路可以让每一个人都受益终身。

帮助学生达到标准并在严格的测试中取得好成绩

美国的大多数州，无论是更新了自己的标准还是采用了英语/语言艺术和数学的共同核心国家标准（the Common Core State Standards, CCSS），都要求学生达到新的学习目标，而PBL尤其适合完成这些目标。在美国和世界各地，人们越来越感觉到对今天的学生来说，知道很多事实（旧的标准文件经常会详细列出这些事实）是不够的。现代世界的信息很容易获取。学生需要的是提出正确问题、找到最好的信息，并将其应用于现实世界的能力。因此，这些标准要求老师帮助学生获得更深入的概念性理解，并学会如何应用他们的知识，而不是简单地在课上教授要求的内容。

最近的标准还强调了前面描述的跨学科能力。以下是没有采用CCSS的州的一些例子：

- 得克萨斯州《英语语言艺术和阅读的基本知识和技能》："学生有效地参与到团队协作中。"
- 印第安纳州《学术标准：英语语言艺术》："创造有吸引力的演示，演示需使用多媒体组件。"
- 弗吉尼亚州《学习标准：英语》："分析、评价、综合和组织来自各种来源的信息，整合成研究成果。"

PBL与共同核心国家标准

近些年，校区课程委员会、教育材料出版方和教育项目的鼓吹者总是说"……符合共同核心国家标准"。但是，说基于项目式学习"符合"共同核心国家标准就过于简单了。虽然我们不能说PBL是实现共同核心目标的唯一方法，但它是最好的方法之一。正如我们在前言中所说，PBL最近的流行证明了这一点。

人们普遍认为，为了满足新标准，教学方法必须进行改变。我们相信PBL应该是每个老师教学工具箱中的关键工具之一，原因有二。

首先，PBL反映了以下标准的广泛影响和基本原则：

- 更少的标准，更深的深度（英语语言艺术和数学）——设计良好的项目一直强调在解决问题、提出并回答一个驱动问题，以及创造高质量产品时对概念的深刻理解。

- 更加强调阅读各领域的信息性文本（英语语言艺术）——许多项目都是跨学科的，为阅读各种文本寻找信息创造了有目的的背景，阅读材料包括参考书、新媒体、专家访谈和网页等。
- 更加强调探究和基于证据的推理（英语语言艺术）——仔细阅读文本以寻找意义是一种探究的形式——这是一种重要的技能，通常被纳入项目。该标准还要求学生提出问题、进行研究、评价信息来源，并给出有充分依据的答案——这些过程是PBL的基础。
- 更加强调应用于现实世界（数学）——共同核心的数学实践标准强调应用数学解决日常生活、社会和工作场所中出现的问题的能力——这正是一个好项目中要求掌握的能力。

其次，PBL让老师可以在一个项目中教授多重具体的内容，而不需要分散到各个孤立的课程中。比如在一年的传统教学中，学生可以通过各种作业和活动来学习如何制作多媒体演示、与同龄人进行交流，并进行研究以调查一个自我提出的问题（所有这些都是英语语言艺术的新标准）。但想象一下，如果学生经常参与每次都需要这些技能的项目，那么培养这些技能的机会将会更加频繁和集中。大多数英语语言艺术的阅读和语言标准，以及数学标准，都可以在项目背景下进行教学。如表1.1所示，英语语言艺术的一些具体标准特别适合使用PBL教学。

表1.1　PBL如何应用于英语语言艺术的共同核心国家标准

英语语言艺术的共同核心国家标准	应用PBL
写作6.使用互联网等技术，撰写文章并发表，并与他人互动和合作	许多项目的特点是使用文字处理工具和自助发布网站创建书面产品。学生项目组可以使用在线工具来共享文件、开展会议，并跟踪任务和截止日期
写作7.在重点问题的基础上进行短期及更长期的研究，展示自己对所调查主题的理解	大多数项目都包括某种形式的研究，包括阅读各种资料以提出并回答问题、进行科学研究，或者采访专家、社区成员或最终用户，为最终报告提供信息。PBL的一个标志就是学生能够自我提出指引调查方向的问题
倾听与表达1.做好相关准备，高效参与一系列对话；参与不同的合作，在他人的想法基础上，清晰而有说服力地表达自己的想法	在一个项目中，当学生以团队形式工作时，他们会定期讨论计划、想法和产品。他们还可以与外部专家、导师、家庭和社区成员进行交流
倾听与表达4.呈现信息、结论和支持性证据，使听众能够遵循推理路线；信息的组织方式、展开方式和风格与任务、目的和受众相适应	根据项目的性质，当学生向特定的公众展示他们的作品时，项目就达到了高潮。除了展示他们的最终产品或回答驱动问题，学生还要为他们的推理进行辩护并描述他们的过程
倾听与表达5.战略性地利用数字媒体和数据可视化来表达信息和加强对演示的理解	当学生向公众展示项目作品时，他们必须清晰，有说服力，还要选择最合适的数字媒体并创造有效的视觉展示
倾听与表达6.适应各种场合和交际任务的讲话方式，在有需要或适当的情况下表现出对正式英语的掌握能力	许多项目要求学生与其他成年人互动，而不仅仅是与老师互动，并向同学和老师以外的听众进行演讲，从而创造出各种机会来练习正式演讲

新修订评价方案

对于加入智者平衡评价联盟测试系统（the Smarter Balanced

Assessment Consortium, SBAC）或大学和大学学习和就业准备联合测试（the Partnership for Assessment of Readiness for College and Careers, PARCC）的州来说，PBL是一种很好的“应对考试”的方法——尽管大多数PBL从业者会回避这个词。这两个组织正在开发新的测试，其中的绩效任务要求学生完成必要的任务，而不是简单地选出最佳选项。

例如，为了测试研究能力，SBAC测试要求学生阅读并比较关于一个问题的各种观点，然后依据现实世界的情况写一个基于证据的论证。习惯了项目要求的学生参加考试时，会对这类任务脱敏。PARCC正在开发类似的研究模拟任务。这两个组织都在为数学开发绩效任务，要求在真实世界的背景或场景中进行建模和应用——这对那些接受过PBL教学的学生来说是非常熟悉的。

下一代科学标准

下一代科学标准（The Next Generation Science Standards, NGSS）也非常适合使用PBL来教学。与共同核心标准一样，NGSS标志着教学重点转向“关注理解和应用，而不是缺乏上下文的事实记忆”。

与早期的国家科学标准相比，NGSS也更加关注工程——这与学生设计和建造模型、设备、结构和其他此类产品的项目有着自然的联系。以下NGSS的“科学和工程实践”与PBL中常见的实践一致：

- 提出问题（科学）和定义问题（工程）
- 建立和使用模型
- 计划和进行调查
- 分析和解释数据
- 使用数学和计算思维

- 构建解释（科学）和设计解决方案（工程）
- 参与证据论证
- 获取、评价和交流信息

一些科学标准，如共同核心国家标准中的许多要求，本身甚至就是潜在的项目：

- 三年级至五年级物理科学：计划并进行调查，提供平衡和不平衡力对物体运动影响的证据。
- 初中物理科学：进行一个设计项目，建造、测试和修改一个通过化学过程释放或吸收热能的装置。
- 高中生命科学：设计、评价和重新确定一个解决方案，以减少人类活动对环境和生物多样性的影响。

PBL与美国学术能力评价考试

2014年，参与编写共同核心国家标准的大学委员会主席大卫·科尔曼宣布了对2016年美国学术能力评价考试（Scholastic Assessment Test, SAT）的修改。许多变化反映了在CCSS和其他最近的州标准中看到的有利于应用PBL的趋势，例如，在英语语言艺术中更加强调思维能力以及出现更多基于现实世界的问题。

根据大学委员会的说法：

- 基于证据的阅读和写作部分的特点是“继续强调推理能力，同时更清晰、更有力地关注对大学和职业准备最重要的知识、技能和理解”。
- 数学部分将以“多步骤应用来解决科学、社会科学、职业情景和其他现实生活中的问题。学生们将会看到一个场景，然后需要回答关于它的几个问题。这使学生能够深入了解情况并进行思考，然后以数学方式进行建模”。

大学预修课程和考试也在发生变化，以支持更多使用PBL的方式。根据大学理事会的说法，预修课程正在转向“更加强调……探究、推理和交流技能”以及“内容覆盖的广度和理解的深度之间的平衡”。预修物理学、预修生物学和预修美国历史的新考试和课程首先反映了这种转变。

此外，针对预修课程创建了一个顶点文凭项目，旨在使学生具备独立研究、团队协作和沟通技能，这些技能越来越受到大学的重视。该项目要求学生完成以下内容（经过PBL培养的学生对此都已非常熟悉）：

- 考虑和评价多种观点，以形成自己对复杂问题和议题的看法
- 磨炼批判性和创造性思维能力
- 提出问题并进行探究
- 团队协作
- 公开演讲、表演或展览

国际学生评价计划（Programme for International Student Assessment, PISA）是一项已经反映PBL目标的国际测试。该测试每三年进行一次，测试对象是超过65个国家加入全球学习网络的学校的15岁学生，由经济合作与发展组织（Organisation for Economic Co-operation and Development, OECD）管理。该网络的目标是帮助更多的学生在全球竞争中取得成功。国际学生评价计划评价学生在现实世界背景下应用阅读、数学和科学知识的能力水平。

让老师选择更满意的教学方式

在如今这个充斥着标准、测试和问责的时代，许多老师在教授课程和教学方法的选择上感觉受到限制，甚至有些老师被告知必须以某种方式教学。在以提高考试分数为终极目标的学校，为考试做准备的教学方法占据主导地位，这就要求每节课都要遵循预定脚本，使用的教学材料也必须经过批准。所有的老师都必须遵循进度指南，在规定时间内完成计划好的教学任务。在PBL研讨会上，我们注意到近年来进入课堂的许多老师，尤其是小学年级的老师，甚至没有机会自主规划一个单元。因为这些都已经被规划好了。

以提高分数为主要目标的学校声称，他们没有时间进行“装饰”（艺术和其他不参加考试的科目）、创新教学手段，以及培养学生团队合作和演讲能力。他们不鼓励甚至完全禁止PBL这类教学方法。因为在他们看来，这些方法过于松散、过于低效，难以达到标准。

即便面临这种情况，许多老师还是试图将自己的个性化教学注入课堂，使教学尽可能地富有创造性。一些老师很赞同这个项目，他们厌倦了各种限制，不想看到自己的学生对每天的课本、作业和练习失去兴趣。一些老师甚至会放弃这份职业，或者转入能让他们选择更满意的教学方式的特许学校或私立学校。

大多数老师喜欢计划自己的课程和单元，而不是简单地根据现成的材料来“传递指令”。他们喜欢教授学生感兴趣的主题和话题，他们希望看到学生积极参与学习，他们自己也喜欢学习新的东西。他们喜欢与年轻人密切合作，而不是总是在教室前面做一个指挥者。而这一切在PBL环境中都能实现。

在PBL职业发展研讨会上，我们总能听到这样的反馈。一些老师会说："这就是我一直想要的教学方式！"资深一点的老师可能会有另一种说法："这就是我以前的教学方式！"——尽管他们可能不得不承认，他们过去的项目没有达到应该有的严格标准。无论是哪种情况，一旦他们看到PBL可以在一个基于标准的世界中运行，他们会松一口气。2010年一项对基于项目的高中经济课程的研究证实了PBL对老师的吸引力。在研究中，相较于没有使用PBL方法的老师，使用PBL方法的老师对自己的教学有更高的满意度。

PBL适用于所有人吗?

一些老师可能不喜欢使用PBL。他们要控制课堂，计划好每一分钟，所以根据学生的意愿和选择来进行教学项目，对他们来说似乎太混乱，充满不确定性。还有一些老师，尤其是高中老师，更喜欢传统的教学方法，而不是PBL，因为他们更专注于自己的教学，而不是像PBL要求的那样与年轻人密切合作。他们喜欢成为"讲台上的圣人"，会觉得"站在一边的向导"这个角色既陌生又不舒服。对于那些认为PBL不适合他们的老师，我们提供了两个建议。

您仍然可以在基于项目的方法中掌握节奏并使用传统的教学工具。特别是在最初的几个项目中，我们建议老师提前设计项目的关键部分，并详细制定项目日历。随着老师获得PBL使用经验，他们可以了解自己的能力，并逐渐熟悉这个过程。请放心，如讲座和结构化课程等传统教学方法，在PBL中仍旧会占有一席之地。

试试看，也许你会喜欢！你的专业知识仍然能发挥重要作用。一些高中老师在完成一个或两个项目后告诉我们，他们发现尽管用新的方式与青少年合作很有挑战性，但会取得令人满意的结果，而且很有趣。

为学校提供与家长、社区和更广泛的世界联系的新途径

我们已经谈到了PBL对学生和老师的作用，但它对整个学校或学区的作用如何呢？让我们听一听下面几个故事。

与利益相关者的沟通

凯瑟琳·史密斯小学是加利福尼亚州圣何塞市的一所公立K-6学校。该校有大量的英语学习者，而且大多数学生来自低收入家庭。为了大幅度提高学生成绩，让学生和家长参与到学生培养过程中来，该校在2012年进行了自我革新。

着眼于共同核心国家标准的要求，老师和新聘用的校长亚伦·布伦加德承诺“深度学习”，教学生如何批判性地思考、协作、沟通、创造和创新。他们不惜一切代价帮助学生成长，不仅引进了许多教学新技术，还美化了校园。他们将项目式学习作为所有学生的主要学习方法，为老师提供全面的专业发展和辅导。家长们在得知学校的新方向后，纷纷表示支持。

学校的努力得到了回报，现在这所学校已经成为当地一所非常好的学校。

2013年春季和2014年，凯瑟琳·史密斯小学举办了“展览之夜”，学生们在会上与公众分享了他们的项目工作。学生们进行了互动演示，并带领参观者参观了项目产品的展示，并回顾了他们所学到的东西。

另一个故事涉及两个学区。田纳西州的大都市纳什维尔公立学校和弗吉尼亚州里士满东南部的约克县学校分部。两者都与巴克教育研究所合作。为了向老师提供全面的专业发展、建立系统的支持，在整个学校实施基于项目式学习，两个学区都进行了多年的努力。2014年，两个学区都采取了大胆的措施，要求对学生的项目作品进行公开展览。

约克县要求其19所学校在4月或5月举行活动，展览的形式各不相同，有些是在白天举行，有些是在晚上举行。老师、家长、社区成员和当地企业代表参加了展览。

纳什维尔市决定在4月从上午8点到晚上8点在当地社区学院的展览厅举行一次大型展览。当天的展览由学生团队主持，展示了300多个项目，超过900人参加，包括初中和高中学生、家长、老师、行政人员和来自商业界的合作伙伴。

不要只强调考试分数

传统上，社区成员通过当地媒体的报道和口口相传来了解学校或学区。家长们也可以从他们的孩子和老师那里听到消息、参加校园活动、阅读新闻简报，或访问网站。这些人用来判断学校或学区质量的一个关键信息是学生的考试成绩。

但是，考试分数只是课堂上发生的事情的一个缩影，学生学到的东西比标准化考试所衡量的要多。当孩子把作品从学校带回家时，或者作品在家长会上以及开放日晚上的教室里展示时，家长就会看到这方面的证据。公开展示学生的项目可以加深家长的了解，并帮助学校讲述更多的故事。

凯瑟琳·史密斯小学、纳什维尔市和约克县所做的，不仅是对学生成就的庆祝，也是为一种新的教学形式建立共同愿景。它不仅仅是一个让学生向观众展示他们作品的机会，也是我们在下一章讨论的PBL的基本要素之一。公开展览是一种强有力的方式，可以告诉利益相关者，“我们得到的不仅仅是考试成绩”。

一些考试分数不高的学校和学区也采用PBL作为教学策略，因为他们相信这可以提高在传统衡量标准下的学生分数，同时也帮助他们实现其他目标。在这些地方，项目工作的公开展示传递了这样一个信息：尽管目前的分数不高，但即将取得重要的进步。学生们不仅在学习重要的内容知识，还在获得诸如批判性思维、解决问题、协作和自我管理等技能。

据纳什维尔市的教学指导索尼娅·曼斯菲尔德说，该市的许多人对公立学校和学生有负面看法。但在PBL展览上，“当来自商界的人和家长进来时，他们对学生和他们所学的东西有了不同的看法”。

对于那些考试成绩普遍较高，足以满足其利益相关者的学校和学区来说，公开展示学生的项目工作可以满足一个相关但略有不同的需求。老师和学校领导可能想告诉家长和社区：“我们不单单满足于更高的考试分数。我们希望学生能够更深入地学习，掌握真实生活所需的技能，并获得真实的体验。我们希望学生重视自己在学校的表现，而不仅仅是他们的成绩。PBL是我们正在做的事情，这就是它要达到的目的。”

正如约克县学校前任校长埃里克·威廉姆斯在谈到PBL展览时所说：“这表明我们不只是有一种应试准备心态。那些关注考试成绩的优秀学生的家长也看到了学习的深度。”

连接学校与社区和世界

今天，许多学校希望与家长、当地企业、社区组织和外部世界的人们更紧密地联系在一起，而不是仅限于社区范围。项目为学校提供了与当地企业或其他组织联系的机会或邀请他们作为学生的客户、导师和听众。

例如，在附录“感谢农民”项目中，一年级学生计划并主持了一个活动，将几十个当地农民带到学校。为了启动“甜蜜之家”项目（见附录），老师们联系了底特律动物园的一位教育专家，让他给四年级学生写一封信，信中要求学生们设计新的动物栖息地。一位曾在动物园工作过的家长在项目期间给学生的计划提供了反馈意见，底特律动物园的教育主管也参加了他们的最后一次演讲。在俄克拉荷马市特拉兰尼亚·诺法的高中数学课上，学生们扮演顾问团队与当地企业合作，帮助他们改善服务或营销。

一些学校想更进一步，他们让学生参与解决现实世界的问题，解决对他人有重大影响的问题。例如，在纳什维尔的枫林高中，戴内特·麦克米利安组织了一个经济/个人财务项目。项目内容包括与房地产经纪人和当地银行家合作，重点是如何增加社区的房屋所有权（见附录中的“居者有其屋”项目）。纳什维尔的另一位老师帕梅拉·纽曼带领杜邦哈利中学的五年级学生开展了一个项目。该项日灵感源于学生们对一位癌症幸存者同学的关爱。该班决定举办活动为当地儿童医院筹集资金，其中包括晚餐和学生对癌症及其治疗的研究的展览（见附录的“癌症”项目）。纽约州伦斯勒市科技谷高中的莉亚·彭尼曼主持了一个具有国际影响力的项目。她班上的这群九年级学生为满足一个在海地工作的非营利组织的需求，设计了一个简单、低成本的太阳能烤箱。

从为什么到是什么和怎么做

我们相信，基于项目式学习是一种教学策略，可以使老师和学生超越教学内容，培养在当今复杂的世界中茁壮成长所需的深刻理解能力和成功技能。正如我们在前言中所解释的，我们写这本书是为了提出PBL的新愿景——我们称之为黄金标准的项目式学习，并为你提供具体的建议，使你的教学与这一愿景相结合。我们在下一章中描述了黄金标准PBL，回顾了它的历史和理论，然后描述了它的研究基础。后面的章节将解释如何使PBL走入教室、学校和学区。读者如果想了解PBL在实践中的情况，可以跳过后续章节，直接去看附录。这些真实的故事为PBL的实施提供了有力的证明。

第二章

什么是项目式学习的黄金标准

我们将通过回顾项目式学习的发展，开始对其进行深入探讨。通往黄金标准项目式学习的道路并不是一蹴而就的，这是一个对教学不断创新的过程。在这个过程中需要共享教学方法，共同提出关于学习方法的新思路。黄金标准的PBL要融合多种教学方法，并结合当前研究、理论以及我们每年与之合作并向其学习的许多专家老师的经验，形成一种系统的教学方法。

项目式学习的本质

尽管PBL的开始通常与约翰·杜威（John Dewey）关于学习是一个社会过程的理念有关，但事实证明，基于项目式学习的本质实践在杜威或进步教育诞生前几个世纪就已经开始了。

项目的开端

在16世纪的意大利，建筑师、画家和雕塑家都被看作是技术工匠。这种称呼对他们来说并不合适。他们认为自己的职业有别于石匠或木工等其他技术行业。他们相信自己的工作是建立在科学和艺术知识结合的基础之上。他们希望被承认为专业人员，因为他们的工作需要经过专门的培训和理论知识，而不是靠口头传统和实践习得。学校是发展、系统化组织和传播这些知识的必要条件，1577年，在教皇格雷戈里十三世的赞助下，一所名为圣卢卡学院的艺术学校在罗马成立了。

与当时的其他教育机构一样，讲座是这所新学校的主要教学方法。然而，对于新生的建筑师和雕塑家来说，以讲座为基础的准备课程显然是不够的，他们需要有机会应用和检验他们所学的知识和技能。随着学生水平的提高，他们需要完成教堂、纪念碑或宫殿的比例模型，这些作业被称为项目（progetti）。这些项目是想象力和创造力的作品，而不是在现实世界中实际建造的建筑。这是最早用“项目”这个词来表示一种教学方法。大约20年后，该校开始举行竞赛，根据特定的标准对学生的模型进行评判。

这些16世纪的竞赛确立了今天定义黄金标准PBL的许多特征。首先，竞赛是围绕解决一个富有挑战性的问题而组织的。这个概念的重要性体现在围绕积极解决问题和知识应用来组织学习，而不是听、理解、内化和记忆，所以怎么强调都不过分。与其要求学生简单地听和记，不如去实际做项目。项目给了他们思考、解决问题和应用所学知识的机会。

其次，项目旨在反映工作中建筑师的经验和职业预期，包括建筑师每天面临的各种任务，如在任务规定期限内制作设计说明书，或说服他人相信设计的价值。

再次，学生在决定如何解决老师提出的现实问题和创建他们的模型时有相当大的发言权和选择权。他们可能给出很多种答案。

最后，竞赛的目标是创造一个公开作品，可以由其他人观看和检查。“产品”这个词来自拉丁语动词“带来”（producer）。产品是创作过程的有形结果，它是一种使学习可见的方式。正如约翰·哈蒂和其他人所指出的，一旦可见，它就可以引起讨论、展开思考，并被学习者和其他人批评，最后得到改进。正是有了严格的评价、批判和修改过程，学习者才会发现他们最初的想法和工作的优点和不足，补充缺失的细节，阐述他们的产品，并最终加深他们的学习内容。

令人惊讶的是，16世纪的项目汇集了一些基本的项目设计元素，这些元素定义了我们所说的黄金标准的项目学习：一个富有挑战性的问题、真实性、学生的发言权和选择权、批评和修改，以及公开作品。这些元素建立了一个职业培训的模式。直到今天，这种职业培训模式在欧洲和美国都是职业准备的重要组成部分。在哥伦比亚大学师范学院的两位教育哲学家的帮助下，职业准备中的这些思想被借鉴到了K-12教育中。

项目的目的

1918年秋天，威廉·赫德·基尔帕特里克（William Heard Kilpatric）发表了一篇题为《项目方法》（*The Project Method*）的重要文章。基尔帕特里克是约翰·杜威的学生，他的思想受到杜威哲学和当代心理学思想的影响。基尔帕特里克对项目方法的描述引起了美国教育工作者的注意，让大家把注意力集中在学生参与的重要性和学生参与的有目的行为上。在基尔帕特里克看来，项目的目标是通过鼓励学生自由决定他们想要追求的“目的”来培养学生的动力。他认为，除非学生有不受约束的发言权和选择权，否则学校的学习只会是苦差事。这会疏远学生，并对培养面向未来的公民这一最终教育目标产生反作用。

尽管这种相当理想的教育观引起了广泛共鸣，但它并没有获得约翰·杜威的青睐。杜威认为基尔帕特里克关注不受限制的学生选择权是错误的（我们也这么认为）。学生的选择很重要，但不是绝对的。杜威还质疑基尔帕特里克对学生自发和完全参与的强调，他批评基尔帕特里克过分强调“有目的的活动”。杜威没有关注活动的意义，而是呼吁关注“思考”。思考是一个反复的过程。在这个过程中，学生会遇到概念上或实践上的障碍，他们需要提出一个解决方案，进行尝试，并对其结果进行反思。杜威认为，老师的工作就是在学生面前设置这些障碍。有效的项目是通过“共同的事业”进行的，其中“老师成为学习过程中的伙伴，引导学生独立发现学科领域的意义”。不重视老师判断、指导和互动的项目很可能会失败，或者至少不能给学生带来挑战。杜威直言，老师仍然有很重要的东西可以传授给学生，包括高标准和卓越感。

> 承担过于复杂的项目会让孩子们稀里糊涂、找不到重点，最后不仅得到拼凑的成果（这是小事），而且形成低劣的标准（这却很重要），这种危险是巨大的。

那些错误地将杜威与自由放任教育混为一谈的人，会惊讶地发现他认为学生应该接受严格的指导。尽管基尔帕特里克作为项目方法的普及者而声誉鹊起，但他的想法最终陷入了不利境地，甚至他自己都开始质疑这些想法。对于黄金标准项目式学习的发展，杜威对基尔帕特里克的批评以及他自己对“认知行为”的关注都是基础。杜威认为，让学生参与有目的的项目活动，并给予学生一定程度的发言权和选择权很重要，但学生的参与和决策在学习中既不是绝对条件，也不是充分条件。老师是不可或缺的，因为他们创造了学生学习的环境。老师引导学生参与思考、持续探究和反思。用今天的话来说，老师的工作是设计和计划项目，确保他们引导学生努力学习值得了解的东西（通常由公认的标准来定义）。他们为学习和材料提供支撑，帮助学生取得成功，评价学生的进展，吸引并指导学生实现学习目标。最后，老师还要管理项目过程，根据项目目标和学生主动承担学习责任的情况，将尽可能多的责任交给学生。我们将这些做法总结为基于项目的教学。

除了借鉴杜威的思想为黄金标准PBL提供参考，我们认为杜威对“思考行为”的关注也使基于项目式学习超越了纯粹的职业重点，而包含了哲学上的问题（这些问题没有统一的答案），比如什么是美？什么是道德？教育的目的是什么？尽管杜威认为建筑设计中那些具体的问题是值得通过实验、思考和反思来解决的，但作为一个哲学家，他也主张学生要探讨更抽象的生活和伦理问题。

尽管基于项目式学习的起源并不能直接追溯到杜威，但他的思想对所有使用PBL教学的人都有相当大的影响，也对黄金标准的基于项目式学习的概念有很大启发。他让我们注意到老师在PBL设计、计划、管理、辅导、评价和反馈中作为不可或缺的导师和高级伙伴的重要性。他认为，除了设计具体的挑战任务，抽象的问题也可以通过不断思考和反思来找到答案。最后他还强调，PBL和一般的学习要求的都不仅仅是让学生参与进来。

基于问题的学习

20世纪60年代，加拿大麦克马斯特大学的医学教育家们担心学生没有学到合格医生必需的临床和诊断技能。他们对传统的医学院课程感到不安，因为这种方法强调对零散的生物医学知识的记忆，而不是对必要的典型知识、技能和态度的整合。于是他们想尝试一种新的教学方法。

他们开发了新的教学手段——基于问题的学习，该方法很快被一些学校采纳，包括荷兰的马斯特里赫特大学和美国的密歇根州立大学。其他机构也在关注，在接下来的50年里，越来越多的机构采用这种新的专业教育方法。今天，基于问题的学习是世界上几乎所有医学院都接受的教学方法，包括耶鲁大学、哈佛大学和加利福尼亚大学。其他领域的专业培训项目，包括建筑、商业、教育、社会工作、法律和工程，也已经采用了某种形式的基于问题的学习。

尽管各个学校在实施基于问题的学习的方式上有所不同，但共同点大于差异。首先，与最初的项目一样，老师提供的材料中描述了一个富有挑战性的问题。这些问题结构不明，定义不清，没有明确的答案，有时也没有明显的解决途径可循。它们反映了人们在现实世界中所面临的问题类型，其中可能会包括信息缺失和信息矛盾、多个利益相关者和价值立场，以及没有统一的正确答案。这样的主题需要分析和讨论，而且可以提出很多犀利的问题，来设计项目。这些问题都尽可能真实。例如，在医学院，老师可以通过描述病人症状的文件、访谈和实验室报告来给学生提出一些问题，提问过程中甚至可能让演员现场来扮演病人。商学院可能会向学生提供包含部门收入和支出报告、市场调查和商业计划的案例。

其次，老师与学生组成团队并合作解决问题。学生必须学会确认哪些是学习主题，并且掌握学习主题，也就是说他们需要知道运用哪些信息和概念来解决学习主题中的问题。对于医科学生来说，学习主题通常包括疾病特征和病情变化过程。对于建筑师来说，学习主题包括材料或建筑规范。不同的团队成员被分配去研究不同的主题，然后以拼图的方式汇集知识。这种持续的探究过程要求学生设定个人目标，自我管理学习过程，然后共同完成同一个目标。学会学习、团队协作，与掌握解决问题所需的知识一样，都是重要的目标。团队成员讨论他们所学到的与问题相关的知识，形成一致的最佳解决方案。各个团队经常向全班汇报他们得出的结论，并解释他们的思考逻辑。

最后，学生反思整个学习经历，并经常与其他学生和老师分享他们的想法。反思的过程（也就是别人所说的元认知）不仅让学生有机会检查他们解决问题的过程，并思考进一步提高自己的表现，而且还能帮助他们内化解决问题的过程，在下一次面对同类型问题时能够胸有成竹。

对基于问题的学习的讨论即将告一段落，我们应该注意到，基于问题的学习和基于项目式学习之间的区别可能是学术描述差异，甚至可能是主观的认识差异。

从基于问题的导师到基于项目的教学

在医学院，基于问题的学习是在一个更有经验的主持人的指导和监督下进行的。这个主持人曾经遇到过学生要解决的问题。这种推动学习进程的角色传统上被称为“导师”。导师不是与某个学生合作，而是跟学生小组合作，而他本人通常是学校或周围社区的医生。导师监督并指导学生小组，在学生分享学习和问题时帮助引导对话。其目的是促进讨论和反思，提供资源和支架，同时避免直接指导和回答。他们向学生提问，扩展他们自己的思维和推理，同时鼓励他们发展独立、自主学习的能力。

霍华德·巴罗斯（Howard Barrows）是基于问题的学习的主要实践者、作者和理论家。他曾写过一篇经典论文，阐述导师的作用和“元认知模型”在指导学生思考和解决问题方面的重要性。

老师所做的口头陈述、提出的挑战性问题应该是他在考虑学生正在处理的问题或情况时，会对自己说的话或者会问自己的问题。他的问题会让学生意识到在解决这个问题时，他们应该问自己什么问题，并了解他们需要学习什么。通过这种方式，导师不会给学生提供信息，也不会指出他们的想法是对还是错。

> 老师可以问一些问题让学生紧张起来，激发他们的兴趣，比如“为什么？”“你是什么意思？”“有什么证据？”“还有其他的解释吗？”“你是否想到了所有需要考虑的问题？”“那是什么意思？”等等。为了降低挑战难度，他可以问一些问题，如“我们是否应该只解决这个问题（或任务）的一个部分？”，或者“让我们修改一下目标，解决这个任务中最重要的那些问题”“也许我们应该在这里停下来，阅读一些材料或去和专家谈谈”“先了解全局，再去看细节，这样会不会更好？”等等。

其他基于问题的学习的专家也强调了监督学生解决问题的重要性，以便引导学生进行更复杂的思考和解决问题。琳达·托普（Linda Torp）和萨拉·萨奇（Sara Sage）建议基于问题的老师牢记以下活动：（1）了解学生的学习需求；（2）帮助学生从当前的理解层面过渡到更完整、更复杂的理解层面；（3）鼓励学生的进步；（4）挑战学生的思维；以及（5）示范探究过程。

因此，基于问题的学习使人们注意到学生思考、讨论和合作的重要性，同时也注意到老师充满技巧和尊重的指导的重要性（这都是杜威的影子！）学生们都是新手，需要更有知识和经验的问题解决者的鞭策、示范和表扬。

尽管我们相信上述促进性的、以元认知为重点的教学方法的重要性和力量，但我们认为作为对优秀（黄金标准）老师的要求，它还不够全面。基于项目的教学需要老师做的不仅仅是促进学生们在小组项目中的思考。在医学院校或其他专业学校中，一个基于问题的导师的角色和经验，与K-12老师的角色和经验是不一样的。因为这里的学生是自己考上的，而且还要付学费，所以既聪明又积极。除了学生特点的差异，老师所负责的学生数量也有差异。此外，要想PBL教学获得成功，学生需要进行的诸多项目也不能相同。我们知道，基于项目的老师花了相当多的时间来创造或调整他们与学生一起做的项目。他们仍然必须确保学生学习每年都会考试的技能和概念，他们必须评价学生，与学生和学生的父母沟通学习进展情况。虽然他们指导学生的方式可能与基于问题的导师类似，但他们所负责的内容更多。

基于项目式教学的概念会纳入黄金标准的项目式学习所必需的教学和管理技能。我们将在本章的结尾部分概述这些技能和行为。

黄金标准PBL

在本章中，我们从16世纪的建筑训练开始，到威廉·基尔帕特里克和约翰·杜威的理论，最后引入基于问题的学习的主要方面，由此得出了图2.1中描述的黄金标准项目式学习的概念。尽管这个（或任何）描述还有待批评和论证，甚至还需要重新组织（在本书的准备过程中，我们已经修改了40多次！），但我们试图实现几个目标。首先，我们想借鉴前人对有效的项目学习的思考，以及今天的PBL教育专家的思考。从他们那里我们获益匪浅，因而欠他们许多。其次，我们希望内容简明扼要。直截了当的图表和简洁的描述比复杂的长篇大论更容易被记住，也更容易转化为老师的教学实践。最后，我们希望以最近的教育研究和理论为基础，特别是在“学习科学”的大框架下进行研究。

我们也应该注意到，理想的黄金标准PBL和典型的PBL课堂实践的现实之间存在差异。黄金标准PBL是一个理想的目标，是基于研究和课堂证明的最佳项目设计元素和教学实践的综合。老师和学生的总体目标是变得更有能力——老师向黄金标准PBL迈进，而学生则深入学习并发展他们在大学、职业和今后生活中取得成功所需的技能。我们对黄金标准PBL的表述并不是要让人望而生畏，也不是要阻止新手尝试PBL。相反，它描述了精心设计的PBL应该是什么样子的：它就像指导方向的北极星，要通过不断地解决问题、实践和反思来瞄准和接近。

图2.1　黄金标准PBL的项目设计关键要素

学生学习目标

这张图的中心是学生的学习目标，是黄金标准PBL的核心。黄金标准概念化的目的，以及我们作为教育者所做的一切的理由，是使学生能够掌握概念、形成对知识的正确理解，掌握成功的技能，使他们为成功的学校和生活做好准备。

关键概念和对知识的理解。PBL是一种教学方法，鼓励学生和老师深入研究一个学科，而不再停留于死记硬背。学生需要努力研究学科的基本概念，形成自己的理解。黄金标准PBL关注的信息和概念并不是谷歌搜索提供的那些浅显的信息。这些信息和概念之间存在细微的差别，需要学生去思考和分析。

人们在最初并没有意识到PBL可以促进学生的深度思考。在20世纪70年代，许多老师尝试以项目为基础的学习，但并没有意识到PBL不仅是一种让学生愉快参与学习的方式，更是一种有规律的教学手段。即使在今天，一些老师也认为PBL是一种激励方式，而不是一种教学方式。威廉·基尔帕特里克也犯了同样的错误，他把重点放在“全心参与目的性活动”上，而不是放在学习上。

黄金标准PBL虽然是对学生的激励，但强调这种体验的目的，即在理解的基础上学习。享受和激励是必然结果，但其目标是深入学习，掌握知识和概念。虽然不可能把做和学分开，因为它们相互影响、相互启发，但最终必须强调学生将学到什么。项目活动是手段，知识和理解是目标。

关键的成功技能。黄金标准PBL的目的是不仅要培养学生的理解力，而且要培养他们在未来使用和应用这种理解的能力。学生需要能够调动他们的学习来思考和分析当前的问题，解决新的问题，并为公民生活做出贡献。认知心理学家将此过程描述为“转移”，即学生能够将他们所学的东西转移到新的情况和问题上。休利特基金会使用“深度学习”一词来传达一个非常类似的想法。

但是，即使学生能够使用和应用他们所学的知识，还有一些额外的技能是大学、职业和生活成功所必需的。我们把这些称为成功技能。黄金标准PBL确定了三种具体的成功技能，它们是在现代工作场所取得成功所必需的，受到美国公众的高度重视，而且也能促进有效的项目式学习。这三种成功技能是批判性思维、问题解决能力、协作和自我管理能力。尽管还有其他重要的技能，但我们相信如果确定了优先事项，黄金标准PBL的这三种技能将更加有效、更易于实现。沟通能力经常出现在21世纪技能的清单上。它当然很重要，但它包含在阅读、写作、倾听和表达的内容标准中。创造力，经常与创新联系在一起，出现在许多对当今经济有价值的能力清单上，这也是一个明显需要增加的候选项。但从我们的角度来看，批判性思维和解决问题是创新的基础，并且涉及许多能力（甚至可以说是大多数的能力），而这些能力通常能够构成创造力和创新。尽管有些项目可能会激发学生的创造力，但所有项目都应该为学生提供深入思考、解决问题、与他人合作以及管理自己的学习、时间和任务的机会。

关于这些成功技能，还有一个有趣的现象，那就是它们不仅是一个项目的学习目标，也是完成项目目标必备的能力。

如果你想让学生具备解决问题的能力，那么你就必须给他们提供问题，让他们练习。批判性思维、协作、沟通和自我管理的能力也是如此。学生需要结构化的机会来学习这些能力，就像他们学习其他东西一样，而黄金标准PBL提供了这些机会。

项目设计基本要素

考虑到学生的学习目标，老师创建或修改项目，以体现图2.1所示的基本项目设计元素：（1）富有挑战性的问题；（2）持续性的探究；（3）真实性；（4）学生的发言权和选择权；（5）反思；（6）评价和改进；以及（7）公开展示作品。这些设计元素，以及它们在项目中的体现程度，决定了一个项目在多大程度上达到了黄金标准PBL的目标。接下来我们将更详细地研究每一个要素。

富有挑战性的问题。挑战性的问题为基于项目的黄金标准学习提供了组织结构，使学习变得有意义，因为它们使学习有了目的——学习不仅仅是为了记住知识，更重要的是为了运用知识。通过专注于一个问题，学生不仅掌握了新的知识，而且还学会了何时以及如何运用这些新知识。这使他们更有可能在未来使用和应用这些知识。许多研究（更不用说日常生活经验）表明，有意义、有目的的知识比随机的知识更容易被记忆。问题将学生的注意力集中在需要学习的重要内容上，并帮助学生区分相关和不相关的信息。它们还能促使学生激活他们的已有知识，这是组织新信息并将其与已有知识联系起来的过程中的一个关键部分。在学生努力解决问题的过程中，他们产生了知识和理解。这些知识和理解一直伴随着他们，他们可以在未来再次使用。

教育研究表明，挑战是产生学习成果的重要因素。但是在多样化的课堂中，很难确定最适宜的挑战水平。这要求老师仔细思考学生需要哪些帮助（这是基于项目的教学的一部分）。太多的挑战和太少的挑战都会让学生厌烦，因此，黄金标准PBL要找到最佳级别的挑战，不能太难，也不能太容易。在具有特定学习成果的特定项目中，确定什么适合特定学生群体取决于老师的专业判断。项目更难（更复杂、更长、更困难）不代表更成功。

以下几个不同的因素促成了一个问题或议题的“挑战难度”。首先是理解和应用学生需要学习的基本信息和概念的难度。有经验的老师都知道，有些想法、概念和程序更难理解、更难使用。项目可以帮助解决这些困难的概念，但老师应不断检查，确保学生能够正确理解，并在需要时进行阐释（可以让其他学生或老师本人阐释）。其次是问题的结构。当问题的结构不清晰，需要学生自己找出解决方法时，它们比那些让学生遵循熟悉的解决流程的问题更具挑战性。尽管结构不清晰的问题为学生提供了学习如何组织和开展调查的机会（如开展什么活动、使用什么工具、提出什么问题、遵循什么顺序等），但这些问题对学生来说是非常具有挑战性的，可能需要大量的支持才能成功完成。造成挑战的最后一个因素是程序的复杂性和学生为解决问题而必须完成的步骤数量。

持续性的探究。杜威的思想对黄金标准项目式学习有很大的启发，但他对探究的重要性的坚持产生了最强的影响。富有挑战性的问题通常用于启动旨在解决问题的探究。“探究”（Inquiry）的拉丁语词根意味着“询问”，而经典的PBL项目是由学生询问开始的，比如“我们知道什么？”或者“我们需要知道什么？”这些问题引导学生（通常在老师的指导和帮助下）确定要进行的调查和研究以及要完成的任务，并计划他们要创造的公开作品。值得注意的是，探究并不只是指最简单意义上的研究，即从书本或网站上“寻找信息”。为了解决问题，学生们可能会采访专家、做现场工作，或进行实验。他们可能会询问产品或服务的用户的需求，或者询问将与之分享作品的受众的需求。当学生找到最初问题的答案时，新的问题就会出现，他们就会寻找更多的答案。他们的探究成为一个循环，或者说是一个螺旋，因为学生会越挖越深。

在教育界，“探究”这个词引起了截然相反的反应。教育界的保守派反对探究，认为这种学习是低效的，使学生的认知能力超负荷，通常是在浪费老师和学生的时间。相反进步派教育家和那些认同“学习科学”的人则认为探究是所有有意义的学习的核心，并认为保守派并没有真正理解探究（或基于项目）的学习实践。毫无疑问，我们都相信学习科学。在基于项目式学习中，老师精心策划项目，构建学生的探究，引导学习活动向项目目标发展。在一个项目中，富有挑战性的问题建立了学习目的。我们相信，如果学生（实际上可以是任何人）了解他们为什么要学习，并且认为他们的学习是有目的的，那么他们的学习就会更有效率、更迅速、更深入。这种对解决方案或答案的有意和有目的的追求，才是探究的核心。

重要的是，探究活动要持续进行。黄金标准PBL的目标之一是培养批判性思维、解决问题的能力、协作和自我管理的成功技能。要培养这些能力，学生要面对的挑战就不能只通过几次简单的班会就解决。困难的问题需要更多的时间来思考和解决。团队协作会经历不同阶段，也会经历情绪起伏。培养持续性参与团队协作的能力需要时间。最后，如果学生要具备在大学、职业和生活中有用的自我管理技能，那么他们必须在数周内（而不是几天）都能够进行自我管理。（此外，我们还需要注意到，培养这些技能需要学生每年都参与几个项目，仅仅在整个教育过程中参与几个项目是不够的。）

真实性。PBL教育者普遍认为，真实性并不是什么秘密武器。它既能留住学生，又能提高他们对项目的参与度。研究表明，真实性不仅可以提高学生的积极性，还可以提高成绩。

真实性是一个复杂的概念，但它通常代表使学习体验尽可能“真实”。老师（和学生）可以在不同程度上以多种方式使项目具有真实性。真实性并不是一种非有即无的成分，而是可以通过四种不同的方式来实现的PBL最佳实践。这四种方式可能同时运用。

首先，一个项目的背景可以是真实的，比如小学生设计餐厅菜单，或者高中生扮演总统的顾问，倡导特定的经济或社会政策。尽管这样的项目可能会招致一些怀疑——学生们不是在创造顾客会使用的实际菜单，也不是在以政策专家的身份谋生——但背景与现实世界中发生的情况是一致的。

其次，如果学生完成的任务和他们使用的工具与人们在“现实世界”中所做的一致，那么这些任务和工具就可以使项目变得真实。许多以职业为中心的项目强调现实世界的任务和现实世界的绩效标准。其他使用现实世界任务的项目关注的是人们每天面临的问题、困境和思维方式，比如如何设计网站、学校或生活场所，如何安排展览、分析竞争方案、做预算、电话调查，或者写信给编辑等。

再次，项目可以对世界产生真实的影响。当学生向学校董事会提出重新设计学校操场的建议、为小读者写书并创建辅导计划、为野生动物保护区筹集资金而设计和出售笔记卡，或者为了更好地了解气候变化进行研究项目并提交数据等时，这些项目都会对世界产生真实的影响。研究表明，这种具有真实影响的项目尤其具有激励作用，学生们经常选择在放学前、放学后和课间休息时从事这些项目。

最后，项目可以具有个人真实性，因为它们涉及学生的个人关注、兴趣或生活中的问题，又或者因为它们涉及学生社区的需求、价值观、语言和文化实践。社区健康博览会、口头交流和社区历史项目，以及将邻近社区带入学校的项目都有一个额外的好处，那就是帮助新来的学生了解学校的期望。真实性是黄金标准的设计元素之一，越多越好。有经验的PBL老师告诉我们，包含多种形式的真实性的项目——任务、现实世界的标准、社会和个人影响——比真实性较低的项目作用更大、效果更好。

学生的发言权和选择权。面对一个富有挑战性的问题时，学生必须判断并决定如何解决问题。否则，这个项目就变成了一个练习，一组需要遵循的指令。黄金标准的PBL要求学生在项目过程中表达他们的想法并做出选择。这一要求对学习和动机都有影响。杜威对“认知行为”的描述表明，学生的发言权和选择权是批判性思维和解决问题的先决条件。如果学生要从情境中学习，他们需要一些行动的自由，并对他们的行动进行反思。就动机而言，在项目工作中，让学生有机会表达自己的想法和意见并做出选择，可以验证自主性和能力的基本驱动力，并有助于内在动机的形成。

然而，这并不意味着学生拥有无限制的自我决定权力。老师有责任确定学生应该行使多少选择权，以及什么样的选择最有利于帮助他们完成学习和项目。如果要求学生在科学项目中使用某种方法，但他们却不具备使用该方法的背景知识，那么项目就会失败。确定学生的发言权和选择权的范围时，老师必须考虑学生当前的准备情况，以及自己可以提供哪些支持和辅导。一般情况下，我们不主张学生自由选择项目成员。除此之外，黄金标准的PBL下，学生的发言权和选择权越多越好。我们的目标是鼓励积极的学生，让他们在生活中做出有逻辑的、明智的选择。在PBL小组中表达自己的选择和意见是小规模的练习，让他们以后面临更大的人生抉择时更从容。

反思。将近一个世纪以前，杜威预见了如今人们对“元认知”的兴趣，他写道：“我们不是从经验中学习，我们是从对经验的反思中学习。”他对“认知行为”的关注使反思成为项目活动的关键部分。学生和老师需要在整个项目中反思他们的探究和项目活动的有效性、学生工作的质量、遇到的障碍，以及克服这些障碍的方式。这样的反思使项目保持在正轨，并最大限度地减少PBL的“混乱”。

黄金标准的PBL旨在培养学生以下能力：当遇见问题时，学生首先回想自己是否曾遇见过此类问题，是否已经掌握解决此类问题的知识和策略。如果没有，他们就要思考如何解决此类问题。

对自己的思考过程进行反思，即思考自己的思考，这一过程就是心理学家所谓的“元认知”。“元认知”在约翰·哈蒂的成就影响因素列表中排名第14位，高于“曾经取得的成就”。反思能够发挥双管齐下的作用。向外，它使学生能够通过项目任务进行仔细的思考，并根据需要调整他们的行为。向内，它使学生意识到他们正在使用的学习和解决问题的策略，并使学生能够更好地理解和调整这些策略。

通过认真反思，学生能够确定他们所使用的策略是否适合所要解决的问题。问题解决策略和元认知策略通常只能用于特定的学科中，并不能跨学科转移（例如，文本分析策略通常不能帮助学生解决物理问题）。因此，黄金标准项目的设计需要促进学生针对学科进行思考。

评价和改进。十多年来，约翰·哈蒂一直在分析不同因素对教育的影响，为更好地理解学习影响因素做出了开创性的贡献。在列出的150个可能的影响因素中，约翰认为“形成性评价”是第四大影响因素，比师生关系、曾经取得的成绩或合作学习等因素的影响更大。哈蒂的结论是，尽管形成性评价是老师的一项基本职能，但它也是一项同样重要的学生活动。

> **学生的角色不是简单地做老师布置的任务，而是积极管理和了解自己的学习成果。这包括评价自己的进步，对自己的学习更加负责，与同伴一起参与学习，共同了解学习的收获。**

其他研究人员也得出了类似的结论，并发现形成性评价是一个强大的工具，但在大多数课堂上却没有得到充分利用。这种情况可能在大多数课堂上都存在，但形成性评价（我们称之为评价和改进）已经融入黄金标准PBL的实践中。

黄金标准PBL强调通过评价和改进来推动学生进步的重要性。通过建立检查点，让学生从老师或其他成年人（如专家或导师）及同伴那里获得对自己工作的反馈。这种评价和改进是产品创造的正常流程，一般通过协议或其他结构化的过程进行，确保学生能够收到“具体、有效且委婉的反馈”。我们也会关注每个学生团队的整体进展，使学生能真正得到关注，有机会反映可能阻碍项目进展的实际问题和人际关系问题，并进行项目的期中调整。

对于许多老师而言，PBL中的总结性评价，如同形成性评价一样，是传统教学和新实践的结合。例如，在传统的课程单元中，老师可能会进行测试或要求学生写一篇文章，以确定他们是否学到了教授的内容。在项目中，这些工具可能仍有用武之地——特别是评价学生对内容知识和概念的理解，但是项目还包含最终评价，评价团队创造的产品以及学生运用批判性思维/解决问题的能力、协作能力和自我管理能力。为此，老师和学生需要使用参照评分标准（关于如何使用评价标准，见第五章）。

公开展示作品。大多数的学校作业要么交到老师的办公桌上或者上传到网上，要么就压在学生的笔记本里。相比之下，黄金标准PBL为学生提供了创造产品的机会，还能与教室外的观众分享。这种做法有几个积极的影响。首先，比起那些只由老师打分并发还的学校作业，这些项目作品更真实，更有意义，能鼓励学生精益求精，因为没有人愿意在公众面前显得准备不足或展示低劣的作品。公开学生的作业对学生和老师来说都是一种挑战。

其次，公开展示作品也可以提高学生的参与度。对工作满意度和积极性的研究表明，当工作任务能带来变化（即工作任务具有社会真实性），需要各种技能，并且从开始到完成工人都有一定的控制权时，他们会变得更加投入、更积极。这听起来完全符合基于项目式学习。但首先让我们把焦点聚集到第一个发现上，即当任务能够为社会带来改变时，工人们就从工作中产生了动力。公开展示作品使学生在项目过程中，在被同伴、老师和外部专家或产品用户批评时，能够看到自己作品的价值，意识到自己的作品被老师之外的人重视。此外，在项目结束后，学生可以在展览中、在社区会议上或在网上公开展示和描述他们的作品。这个过程继续鼓励学生为他们的作品和成就感到自豪。

最后，正如我们在本书第一章中指出的那样，公开展示作品在鼓舞学校士气、改变社区看法方面也做出了重要贡献。通过向其他学生、家长和更大的社区展示学生的知识和能力，赢得外界对学校和教学计划的支持。学生作品的公开展览不仅解释了基于项目式学习是怎么回事，也让更多人对PBL产生兴趣，有助于对其进一步推广。

基于项目的教学实践

老师在基于项目式学习中的角色有多种表达方式：推动者、教练、指挥者，以及站在一边的向导——而非讲台上的圣人。这些比喻从某种程度上来说有一定真实度，也有助于将PBL的老师与传统老师区分开来。但是也会引起一些疑惑，比如“PBL的老师不需要讲课了吗”。在我们看来，他们当然还在讲课，他们仍然是某些内容上的专家、是导师、是激励者，也是学习的评价者。老师根据自己掌握的教学方法知识论，确认如何更好地帮助学生理解新知识，做出教学决策。他们指导学生的沟通，监督项目的进程。他们提供新的资源和辅导。此外，老师还要塑造PBL课堂文化。他们充当教学设计者和项目管理者。综合起来，就形成了我们所说的基于项目的教学实践（见图2.2）。

图2.2　黄金标准PBL的项目设计教学实践

社会对PBL有一种刻板印象，以为老师只需要简单地启动项目，然后退后让学生学习，只提供必要的指导。诚然，对PBL有经验的高年级学生应该尽可能给予最大限度的自主权，但这只是一种理想情况。在现实中，大多数学生都需要老师的支持。因此，经验告诉我们应该给学生适当程度的自主权。

PBL新手老师和老手之间也存在差异。拥有丰富PBL经验的老师可能会在一些项目中给学生很大的发言权和选择权，让学生成为共同设计者、共同管理者和共同评价者。一般来说，我们建议在PBL方面经验不足的老师，或其学生刚接触PBL的老师，在计划和指导项目方面发挥主导作用。但是，即使是PBL的老手，也会根据学生、主题、作品和其他许多因素，决定在某些项目中或在项目的不同阶段，减少学生的发言权和选择权。

PBL背景下的评价包括传统教学中的许多做法，但它要求老师不要只使用自己最熟悉的作业、小测验和测试等方式。“平衡评价”的概念强调了形成性评价和终结性评价的重要性，前者用于判断师生在实现学习目标方面的进度，后者用于评价学生对所学内容的掌握程度。这两种评价方式在项目中都很重要。

除了形成性评价和终结性评价，黄金标准的PBL也采用其他“平衡评价”方式。项目应该包括一定程度的自我评价，在这个过程中，学生使用证据和反思来评价自己的进展和成就。对年龄更大的学生来说，同伴评价在评价作品质量或个人对团队贡献方面发挥着有效作用。除了评价个人的工作，在基于项目的课堂上，老师可能需要评价小组的整体工作情况。所以传统知识的习得手段必须要与成绩评价相匹配。最后，除了评价知识外，老师还需要评价概念理解力和技能掌握程度，如批判性思维、问题解决、合作和自我管理等能力。

接下来，我们将讨论基于项目的教学所必需的其他六项关键实践。尽管黄金标准PBL强调学生如何学习和学习什么，但是老师才是保证这种方法成功实践的最重要角色。学生也可以帮助老师完成部分内容，因为重要的是实践的性质，而不是由谁来进行，但成年老师有最终的责任来确保每项功能都能成功实现。下面我们将分别讨论这六项实践。

项目设计与规划

一个项目的起点，通常是老师发现的闪光点，当然也可能是学生发现的闪光点——前提是老师足够关注和重视学生的兴趣。项目规划的第一步：提出一个想法，或者改编别人的想法。无论哪种方式，老师都要通过项目设计框架来实现这个想法，使项目在相关背景下能服务于学生的学习。对于一些过去主要使用“现成”课程材料的老师来说，这项任务可能很具有挑战性，但也有可能非常令人愉快。

正如我们将在第四章中详细解释的那样，项目框架包括项目的核心焦点和目标、主要作品以及如何公开作品，另外还有一个驱动问题，使这个具有挑战性的项目更具吸引力和可操作性。

参照课程标准

这也是项目设计与规划的一部分，但由于太过重要，所以我们把它拿出来单独讨论。一些PBL老师总是在事后才想起内容标准。他们倾向于先计划一个项目，然后再回想他们认为项目会涉及哪些标准。这种方法的效果并不理想。我们建议老师在制订项目计划的同时，也要看一下他们的内容标准。事实上，标准本身就可以为项目提供一个方向，即主题和/或重点的技能。在规划早期，将项目与标准结合起来，有助于确保项目目标要求的知识和认识得到学习，确保学生的时间得到妥善利用。

参照标准意味着学生在完成作品时使用的知识和技能，已经明确列在了标准里面。构成项目框架的项目的挑战性问题也是如此，也就是说，解决这个问题所需的知识必须是标准要求的。当要进行评价和改进时，这些过程如何反映标准要求？项目的评价、支撑和辅导又如何满足标准？

塑造课堂文化

PBL课堂文化提倡独立能力、探究精神，强调对质量的关注。在实践中，黄金标准PBL的老师以直接方式（如墙上的标语或结构化的探究过程）和间接方式（比如老师如何回答学生的问题，或如何教导学生相互交流）塑造这种文化。在积极的PBL课堂上，老师激发学生提出引导探究过程的问题，并予以充分重视。学生们知道他们可以去探索不同的道路，创建不同的作品原型，尽管这其中有些东西并不完美，甚至是完全失败的。老师允许学生发表自己的意见，提供关于项目的灵感，确保学生明白项目确实是开放式的，即研究主题、创建作品、展示知识和回答驱动问题的方式是多种多样的。

PBL课堂文化的另一个重要内容是鼓励“进步心态”，或营造一种共同信念，即学生不受出身和背景限制，他们能够通过勤奋、心无旁骛的学习提升自己的能力。当学生有了这个信念时，他们就能够学习更多的内容，并持续将所学运用到新的挑战中。PBL教学鼓励进步心态，利用多轮评价，学生有机会改进他们的作品，并在此过程中深化学习。老师不应该只关注最终的结果，而应该重点表扬学生的努力、坚持，以及克服困难的方法和整个的进步过程。每个学生都应该得到发展，有机会面对需要思考和努力才能应对的挑战。

管理项目活动

在商业世界，为了确保工作能顺利完成，项目经理要组织任务，设定时间表，控制产品质量以及处理其他100个细节问题等。在基于项目的教学中，这项工作几乎是相同的，只是有一点不同：这个项目是与儿童和青少年一起完成的，老师要给他们一定程度的控制权和自主权。事实上，对于那些有项目经验的学生，许多PBL老师都把自己看作是推动者，而不是管理者，因为学生自己做大部分的“项目管理”，而老师只在需要时提供支持。

对于新手来说，管理项目往往是基于项目的教学中更具挑战性的内容之一，因为它与传统教学中的要求有很大不同。老师习惯讲授课程内容、提供资源和其他支持。他们知道如何评价学生的学习，至少在教学内容和知识方面。在帮助学生完成作业的过程中，他们更像是教练，尽管他们没有用这个词来形容自己。但是，维持一个为期数周的项目正常进行，指导学生团队创造作品，协调其他成年人参与这一过程，处理公开展览的后勤工作……这对大多数课堂老师来说是陌生的领域。正如我们将在第五章中详细解释的那样，管理一个项目包括让学生为PBL做好准备、安排资源、在项目开始计划项目日程表，并且指导项目从启动到结束。

搭建辅导支架

当老师努力为学生的学习提供辅导时，传统的教学实践与基于项目式学习相融合。辅导支架内容可以包括结构化的课程和讲座，提供讲义和读物，以及其他帮助学生实现项目目标的工具。尽管其他教学方法也需要老师辅导，但由于PBL强调学生的独立性，所以“辅导支架”这个词对PBL特别合适。以下是在线教育改革词汇表（edglossary.org）对辅导支架（scaffold）的定义：

> 辅导支架指的是各种帮助学生逐步加深理解，并最终在学习过程中拥有更强的独立能力的教学手段。……就像物理脚手架一样，当不再需要时，这些辅导支架就会逐渐移除，而老师也会逐渐将学习过程中的更多责任转移到学生身上。

辅导支架的另一个重要内涵就是对待不同的学生时，老师采取的教学方式要体现差异化——这也是如今很多老师都熟悉的概念。正如我们在第六章中描述的那样，PBL与差异化教学非常兼容。老师在组织、支持和监督小组讨论方面也发挥着重要作用。把学生放在一个小组里并要求他们深入思考和合作是不够的。要让学生把随意的讨论对话组织成更深的认识和批判性思维，老师就要向他们提出明确的要求和期望。

参与和指导

许多教育工作者已经研究过PBL为何会吸引学生。他们知道，有意义的项目，以一个富有挑战性的问题为框架，会吸引学生努力学习。然而，项目本身并不是学生参与的唯一原因。老师也发挥着重要作用。随着项目的开展，PBL老师了解到学生的个体情况，可以显示出他们对学生个性的尊重和对学生喜好的认可。老师有机会分享学生的成就，了解他们的挫折。这种情感上的参与和对学生的了解，使老师成为团队的前成员，一个知情的旁观者，他自己与学生的接触反过来鼓励学生参与学习。老师与学生接触，鼓励他们自己思考、工作和学习。

老师与学生的接触是建立有效教练关系的前提条件。学生是工人以及老师是教练的比喻是由基本学校联盟的创始人泰德·西泽尔（Ted Sizer）提出的。

这个比喻有助于老师思考如何对待参与项目的学生，课堂应该更像一个现代的工作场所，而不是老式教室，学生都安静地坐成一排。在基于项目的教学中，老师很像运动队的教练，他们在帮助发展球员的技能、提供鼓舞和激励、建立团队等方面扮演着教练的角色。

作为主题和年轻人学习方式方面的专家，项目中的老师非常清楚游戏规则：他们了解项目所涉及的主题和成功完成项目所需的技能。老师知道目标是什么，并为高质量的表现设立了标准。扮演着教练角色的老师能够系统性地培养学生的技能，首先他们相信通过项目，学生正在取得进步，然后将这个过程分解，提供联系机会，并且给予大量的反馈。老师会提醒学生项目目标是什么，如何通过任务和活动完成目标。如果在项目过程中，团队出现士气低落或者个别学生需要咨询，老师会意识到这种情况并提供帮助。最后，教练知道团队精神的重要性，并努力在项目的长期过程中建立和维持这种精神。当工作完成时，他们会带领团队回顾项目过程，并庆祝完成工作。

在你的教室中使用黄金标准PBL

本章描述了PBL愿景的先导和组成部分，我们称之为黄金标准的项目学习。该方法旨在包容和邀请那些与不同名称的PBL传统（基于问题的学习、基于挑战的学习、锚定教学、基于地点的学习、基于激情的学习、案例研究、认知学徒制、深度学习等）相关的PBL实践者。在我们看来，所有这些教学方法都在努力帮助学生更好地习得知识，深入理解学习，并发展他们在大学、职业和生活中需要的成功技能。

下一章我们将回顾过去25年的PBL研究，就我们对PBL的认识给出一些重要结论。我们希望这些结论能说服你尝试PBL，让黄金标准成为指导你计划和教学的北极星。你和你的学生将迎来一个充满挑战、趣味和收获的旅程。

第三章

如何评价项目式学习

在编写这本书时，我们回顾了过去25年关于基于项目和基于问题的学习的研究。之所以这么做，是因为我们相信这两种教学方法都有值得我们学习的地方。像其他教育工作者一样，我们想知道更多支持PBL的证据，以及如何让它变得更有效。我们知道，PBL的实施可能具有挑战性。我们想确保有证据表明，迎接这一挑战对学生和老师都是值得的。

尽管我们研究的PBL文献内容广泛，但是下面做出的总结经过筛选，确保都是基于公认的高质量的研究设计。我们所说的“高质量”，一般是指在同伴评议的学术期刊上发表的研究。就研究结果而言，是指基于随机对照试验的研究（即参与者被随机选择为对照组或实验组），或准实验设计（即没有随机分配参与者）。我们首先根据主题领域对PBL的有效性进行了全面回顾。

比较PBL和传统教学对K-12教育的影响

多项K-12研究表明，在使用相同教学材料的情况下，相比接受传统教学的学生，PBL教学条件下的学生无论是在传统评价，还是在基于表现的评价中都能获得更高的分数。这是从几十项涉及不同年级、不同科目的数千名学生的研究中得出的有力结论。当然，也有证据表明，参与PBL的学生与使用传统方法的学生得分相同。但是在K-12的研究中，我们没有发现任何公开的证据表明PBL的学生在评价中得分低于传统教学的学生。

科学

科学教育研究是PBL研究的一个肥沃领域，主要是因为科学教育通常强调学生的探究精神，以及与其他学生合作收集数据或进行实验的重要性。这与基于项目式学习有吻合之处，因为学生们在项目中致力于解决具有挑战性的难题。

研究人员对四年级学生、小学低年级的英语学习者和土耳其的城市中学生，以及高中学生进行了研究，比较了传统的、更具有说教性质的教学与探究式、类似PBL的科学教学的效果。还有两项中学研究融合了PBL和计算机技术。所有这些研究都表明，在以探究为导向的PBL课堂上，学生比在更传统的说教课堂上的学生学到更多的科学内容。

在底特律18所公立中学进行的研究很好地证明了PBL在科学知识上的教学效果。本研究涉及大约5,000名学生（其中大部分是非裔美国人，享受免费或减价午餐），以及37名老师，研究为期两年。在PBL教学条件下，学生进行了物理科学（为什么骑自行车时需要戴头盔？）、生物科学（我家附近的河里有什么？）和地球科学（我们社区的空气质量如何？）等科目的项目。在年底，所有学生都参加了由州政府管理的密歇根教育进步评价（the Michigan Assessment of Educational Progress, MAEP）。在两年的研究过程中，基于项目的班级的学生在MAEP中的得分明显高于使用传统方法学习相同材料的学生。PBL的学生在MAEP的科学过程技能评价中的得分也更高。

数学

大多数数学教育工作者都明白推理、解决问题、反思和数学思路表达能力的重要性。虽然这些都是基于项目式学习的关键做法，但基于项目和传统数学教学方法之间的比较研究并不多。

有一项著名的研究确实将PBL与传统的数学教学进行了比较，这就是《贾斯珀·伍德伯里历险记》（*The Adventures of Jasper Woodbury*）。项目重点围绕课程开发，研究表明，使用PBL方法的中学生不仅在解决数学应用题方面比对比学生习得了更多的技能，而且对数学表现出更积极的态度。

乔·博勒（Jo Boaler）对PBL对数学学习的影响进行了最彻底的研究。该研究是在两所位于工人阶级社区的英国综合学校进行的。第一所学校是琥珀山中学（Amber Hill），使用传统的（以教科书和练习为中心的）数学方法。第二所学校凤凰公园中学（Phoenix Park）则让学生分成异质小组，参与开放式的数学项目进行学习。在三年的研究结束时，所有学生都完成了英国中学教育普通证书（GCSE）考试。从整体上看，凤凰公园中学的学生比琥珀山中学的学生得分高。

> 琥珀山学生在正式考试中的成绩相对较差，这可能让人很惊讶。因为学校的教学方法非常重视考试，而且学生在数学课上也很努力……但是琥珀山中学的学生已经对知识形成了一种惰性，他们很难将其应用于课本以外的问题。在考试中，学生遇到了困难。因为考题不只是要求简单地演练规则或程序，还要求学生理解问题，找出最合适的解题方法。这些问题进一步要求学生将他们所学的方法应用到新的、不同的情况中。

乔·博勒的研究很有说服力，并且抓住了PBL的核心——在新的、不同的情况下应用所学的知识。

凤凰公园中学的学生并不比琥珀山中学的学生知道更多的数学知识，但是他们能够使用他们所知道的数学知识。

社会研究

富裕学生和贫困学生之间的成绩差距是众所周知的，而且仍然是我们作为教育工作者面临的最棘手的问题之一。研究人员进行了一项有趣的研究，探讨PBL教学方法是否可以提高社会经济地位低的学生的学习成绩，使他们在社会研究、阅读和写作方面的测试成绩与附近学校的社会经济地位高的学生持平。这项研究的研究对象是四个班的二年级学生。实验很成功，研究人员表示该研究证实了基于项目的教学的前景。

另一项研究侧重于八年级学生对当地历史为期六周的项目学习。一组学生制作并展示了迷你视频纪录片，展示了他们自己对当地历史事件的解读，而另一组学生则按照传统教学方式学习当地历史。研究显示，在PBL下成长起来的学生不仅比传统教学的学生掌握了更多的历史知识，而且还表现出更强的历史思维能力。

华盛顿大学开发了一种PBL教学方法和材料，并将其与传统的、基于教科书的预修课程进行比较。这项研究由卢卡斯教育研究机构支持。到目前为止，所报告的结果都呈现出良好的结果。与接受传统教学的学生相比，PBL课程的学生在考试中能获得4分或5分的占比更高。但关于深度理解的评价结果却不太一致：成绩较好学校的PBL学生比传统预修课程的学生显示出更高层次的理解能力，但成绩中等的高中的PBL和非PBL学生在应用和使用知识的能力上没有显著区别。作者认为这种不一致的原因是知识应用难以评价。

尽管全美50个州和哥伦比亚特区都将经济学纳入了教育标准，而且有22个州要求高中生学习经济学课程。但对大多数学生来说，这门学科充满了陌生且难以理解的术语和概念，让人望而生畏。巴克教育研究所创建了基于项目的经济学（Project Based Economics, PBE）来解决这个问题。使用PBL学习经济学的学生在经济学的多项选择测试中得分更高，而且更重要的是，他们还掌握了对经济概念进行推理和批判性思考的技能。

郑重说明

这些研究充分地证明了PBL作为一种教学方法的有效性。但我们要记住，PBL并不是无论何时何地都发挥作用的万能药。PBL因学校和老师的不同而不同。有些项目持续数天，有些则需要一个学期。有些跨学科，有些则深入关注单一学科。这种多样性表明，老师必须认识到，仅仅因为有多项研究证明PBL的有效性，并不能保证它在每一次实施中都是有效的。PBL是否能发挥作用，在很大程度上取决于老师、项目设计和实施方式。

PBL + 深入学习 = 大学和职业准备

美国研究机构在2013—2014年研究了一组“深入学习”学校，这些学校以全校关注项目学习而闻名。根据休利特基金会“深入学习”工作的要求，这些学校致力于培养学生在21世纪工作和公民生活中取得成功所必须具备的技能和知识。除了强调PBL，学校还安排实习，加强学生与校外世界的联系；强调小组工作和长期评价，如档案袋和展览，培养学生合作和沟通技能；鼓励学习小组和学生参与决策，以发展学术思维和学习技能。这些学校的学生：

- 在阅读、数学和科学方面取得了更高的分数；
- 合作技能、学术参与、学习动机和自信心水平更高；
- 毕业率更高；
- 进入四年制大学开始学习的可能性更大。

老师实施PBL的经验

老师们经常表示实施PBL很难，他们的初始水平和持续性效果也各不相同。在同行、导师和学校领导的支持下，老师可以提高他们的实施能力和信心。一旦他们能够胜任PBL的工作，大多数老师就会看到其价值，并希望继续使用。

巴克教育研究所进行了一项研究，记录老师使用PBL的不同效果。研究人员指出，PBL在内容覆盖、对标学区标准和预期、时间安排与使用、评价和团队管理方面往往具有挑战性。尽管老师在刚开始使用PBL时可能会遇到一些挑战，但一旦他们有机会在同行、学校领导和资源的支持下解决困难，他们通常就会改变态度。例如，一位科学老师描述了她所面临的挑战以及她对PBL的态度转变：

> 使用基于项目的教学后，我看到了学生成绩的新维度。我不再满足于考试的“正确”答案，整齐划一的实验室等。基于项目的教学对学生来说具有更持久的价值，并使他们发展认知和社会技能，可以应用于不断变化的环境。对我来说，基于项目的科学是一条单行道。一旦走上这条路，我就无法想象如何往其他方向走。

这种转变不是一蹴而就的。上述这位老师花了两年时间，才放心使用PBL：

> 也许比起改变一年的课程中的两三个单元，我更注意的是我自己对待教学目标的态度发生了转变。现在，在基于项目的框架的支持下，我发现自己经常让学生负责实现这些目标——这反映了基于项目的教学对我造成的动态改变。

这就是我们的典型经验。塑造PBL观念，学习PBL计划、管理和评价都需要时间。老师不可能通过一个下午的研讨会就掌握PBL，他们需要尝试，需要与同伴和导师一起解决问题，反思哪些是有效的，哪些是无效的，并继续尝试。

大多数老师认为PBL之旅很值得努力。当要求前面77名参与基于项目的经济学研究的高中老师对其使用的经济学课程和资源进行满意度评价时，PBL老师比使用传统教材和方法的老师呈现出更高的满意度。

学生参与PBL的经验

尽管学生对PBL很感兴趣，但他们需要获得支持和指导，特别是在刚接触PBL时。老师需要仔细构建项目，并关注学生需要具备的必要技能和知识。

大多数学生喜欢基于项目式学习。老师们经常表示，在进行PBL时，学生们更加投入。这是一件好事，因为参与可以促进学习，但这并不等同于学习。有几项有趣的PBL研究表明，在计划项目时需要考虑到学生的背景知识和认知能力，并由老师随时准备在必要时指导和支持学生。例如，前面讨论过的底特律中学的大规模科学研究发现，虽然学生擅长制订研究计划和执行程序，但他们在以下方面存在困难：

> a）提出有意义的科学问题，b）管理项目的复杂度和时间，c）转换数据，以及d）提出逻辑论据来支持主张。更具体地说，学生们倾向于探究基于个人偏好的问题，而不是有必要的问题。他们很难理解受控环境的概念，他们创造的研究设计对于他们的研究问题来说难度不够。此外，学生制订的数据收集计划不完

整，他们往往不能系统地执行计划。学生们倾向于展示数据和陈述结论，而不描述两者之间的联系。在得出结论时，他们往往没有使用所有的数据。

这两项研究都显示了帮助学生准备PBL的重要性，以及设计项目的必要性。这些项目既要建立在学生已经掌握的知识上，又要使他们能够在项目开展过程中学到新知识。除了老师的互动和辅助支架，其他学生可以参与同伴辅导和讨论，还可以使用科学技术组织学生探究。如果项目涉及专门程序（如设计实验、进行访谈）或复杂的认知操作（如确定问题的优先次序、将证据和结论联系起来），老师必须在计划中安排好为学生提供学习这些技能的机会，最好是结合指导、示范和实践等手段。

PBL与当前的学习

PBL符合当前人们对学习性质的认知，具备培养学生理解能力、帮助学生记住所学知识并应用于新背景和新环境的条件。

PBL试图发展认知科学家所说的“可用的知识”：这些知识不是让学生背诵用于考试，而是一旦学会，就可以用于日常生活和解决问题。这与“情境学习”的概念相吻合，即当学习涉及在熟悉的日常环境中完成真实任务而产生知识时，学习是最有效的。学习者可以更好地组织这样的知识，将其与先前掌握的知识结合，能记得更久，也更容易应用于新的情况。这样的学习对学习者更有意义。

PBL强调学生对知识的理解和应用（而不是重复和练习），以及学生在问题分析和检查相关的先前知识（我们知道什么？我们需要知道什么？）和问题解决方面的积极参与。这就反映了通过基于项目式学习获得的知识的可用性。PBL对有意义的学习的关注也让学生能更好地记住和组织知识。表面（或死记硬背）的知识很少能转化用于新的环境和情况中。

前面描述的乔·博勒在数学方面的研究，以及大量关于在医学院校和其他专业学校中使用基于问题的学习的研究，充分证明了当需要有目的地运用知识而不是死记硬背时PBL的优越性。

研究人员还证明了在PBL环境下学习的学生比用传统方法教学的学生记得更久。PBL学生的长期记忆率比用传统方法学习相同材料的学生高60%！这说明PBL的教学方法是可行的。

PBL与学生的动机和参与度

PBL符合当前关于最大限度地提高学生的动机和兴趣的目标。

当老师谈论PBL时，他们通常首先关注的是学生的参与度，这并不奇怪。基于项目式学习融合许多因素，这些因素已被证明可以激发学生的积极性。首先，PBL涉及小组合作，与其他学生一起工作通常让学生动力十足。其次，PBL允许学生有发言权和选择权，而这种自我表达和决策的机会在学生和成人中都是非常强大的激励因素。再次，PBL强调任务和作品的真实性，这种真实性鼓励学生参与。最后，PBL通常强调项目问题性质、学术任务以及项目展开背景的新颖性。PBL不是传统的学校，而是提升学生积极性和参与度的有力催化剂。

激励学生参与PBL的条件对成年人来说也是一种激励，这并不奇怪。研究人员就工作满意度的基本因素已经进行了大量的研究，发现有三个重要因素可以创造激励性、有意义的工作：（1）要求从业者使用各种技能，而不是重复应用单一技能；（2）让从业者从头到尾地参与一个项目，使他们体验到完成感和成就感，而不是分配到工作中的有限部分，与其余部分分隔；以及（3）能对其他人产生影响，包括工作场所和其他地方。

好的PBL就像好的工作一样，让学生从头到尾参与到真实的任务中，与同伴一起工作，并对他们之后的生活产生深远影响。

第四章

如何设计一个项目

你准备好了吗？现在你已经知道什么是PBL，为什么它有利于今天的学生。在黄金标准项目式学习中，年轻人充分参与到他们的学习中，更深入地理解知识内容，用工作的方式为他们的大学和就业做准备，甚至可能使他们的社区为此受益。我们将带领你完成一个项目设计过程。在这个过程中，你需要建立一个经过深思熟虑的项目，这个项目有很大的成功机会，能让你和你的学生对他们能够完成的事情有充分的自信。我们将从建立一些背景知识着手。

项目设计的基本注意事项

设计项目并不像计划一节课，更像是计划一个单元。事实上，有些人认为项目是21世纪的课程单元。首先，一个项目像一个单元一样，至少持续一周，通常是两周或更长时间，而不仅仅是一两天。典型的课程只有一两个目标，但是项目有多个学习目标。项目包含多个课程、活动、任务和学生作业，并且需要使用各种资源。其次，传统的课程要按步骤进行：开始、中间和结束。但是项目不是按步骤，更像是按阶段，最终由一个高潮的活动结尾，通常是学生展示或描述自己所学的知识。最后，在项目的过程中，老师可能会决定进行更多的补充或修改，而传统的课程只需要轻微调整。

与计划一节课相比，计划一个项目需要更多的时间和更多的思考，老师要考虑所有的部分如何连接。计划项目的诀窍，就是让一切“恰到好处”。计划不能太紧，否则你会剥夺学生的发言权和选择权，这是黄金标准PBL的基本要素之一。但也不能太松，否则你就会面临浪费时间、误导学生精力和无法实现学习目标的风险。

你的项目需要多少计划结构，取决于你对PBL教学的适应程度。正如我们在第二章讨论基于项目的教学时已经说过，对于PBL新手来说，最好不要过度计划。PBL老手可以让学生有更多的发言权和选择权，可以让学生参与制订项目目标，决定作品和如何公开作品，以及管理他们自己的学习任务。

项目设计还有另一个注意事项：这不是一个简单的过程。通常情况下，你先有一些大致的想法，然后退一步思考。如果可能的话，你需要获得同行或教学导师的反馈。你也可以通过在网上发布你的项目想法来收集同事的反馈和有用的资源。在消化反馈意见后，你要么修改想法，要么继续规划项目的基本框架，并再次经历评价和修改的过程。一旦建立了框架，你就可以着手处理一些琐碎的细节，如创建评分标准和学生讲义、安排资源，并计划具体的课程。

哪些内容不属于PBL

当设计项目时，请记住基于项目式学习不等于“做一个项目”。以下是一些被称为“项目”的作业或活动。尽管这些例子也能合理应用于教学，但并不是PBL。

- “甜点”项目。在传统教学单元结束或快结束时，老师有时会向学生提供一个甜点项目，这差不多是对学生努力学习教材的奖励。这些项目通常涉及制作一些有形的东西：埃及金字塔的模型、关于小说的视频预告片、魔方艺术海报、印度村庄的透视图、关于人类生理和健康的棋盘游戏、按照工具包的指示组装的机器人等。甜点项目通常是一种乐趣活动，其目的不是教授内容或评价学生的学习，而是提供一种“动手”的体验。

- “配菜”项目。这种项目类似于甜点项目，一般出现在传统教学单元中间。项目要求学生在家里做一些活动：设计和进行科学实验、创建家庭树、观察月球并记录数据，或假装在股票市场投资等。老师可能会要求学生选择一个主题并进行研究，然后（通常）向全班展示，以此“延伸”课堂上所讲的内容。老师甚至可以考虑让学生做一个三面的展示牌或PPT，分享关于某位著名发明家、莎士比亚时代英国生活的一个方面、一个濒危物种或南美洲的某个国家的内容。其目标与甜点项目类似，但更强调让学生有机会深入研究一个主题，并有一定程度的选择权。
- “自助餐”项目。有些老师设计了一些单元，让学生体验一些不同的活动，其中大部分需要亲自动手，充满趣味，也有教育意义。这些活动通常都有一个共同的主题，时间和地点也都统一安排。有的活动也称为项目，而且学生有时可以选择做哪些项目或主题——就像他们在自助餐中选择食物一样，只不过所有的选择都是甜点或配菜。这些“自助餐”项目在其复杂性和学生参与程度上往往令人印象深刻。例如一个七年级关于中国历史的单元，除了通过讲座、课本、活页和视频进行学习，学生们还制作了马可波罗之旅和成吉思汗帝国的地图，制作时间线海报，编写和表演关于中国文化的短剧，学习写汉字，玩中国传统游戏，并学习烹饪中国食物。在小学低年级也有类似的单元，主题可能是“昆虫”、“文化”或

“我们的社区”。自助餐项目的目标与甜点和配菜项目类似：吸引学生并丰富单元的基本内容。

- “单元小测或应用学习任务”。老师有时会要求学生展示他们所学的知识，作为一个单元的重点内容，并将其称为“项目”。它可以是个人或小组任务，而且可以有多种形式。学生可以通过书面作品或演示来解决一个问题或回答一个问题；设计和创造一个有形的物体或表演；或进行科学调查。这类项目的目的主要是评价学生的学习情况，有时也是为了让学生体验到一种动手的、愉快的活动。

为什么这些例子不是基于项目式学习？因为它们不是主要课程。它们不被看作是常规课堂或学校课程中的教学方法，而是一种补充手段。它们不是解决内容标准的主要工具，不取代传统单元或作为单元的主要部分，而是对传统单元的补充，甚至完全独立于常规学术课程或教室中的内容。表4.1比较了课堂上的传统项目和基于项目式学习的主要特点。

表4.1　传统项目与基于项目式学习

传统项目	基于项目式学习
是单元的补充	项目本身就是一个单元，或者完成单元内教学内容的主要手段
老师对任务的每一步下指令	任务是开放式的，参考学生的意见和选择
通常单独完成	团队合作完成
通常是家庭作业，学生独立完成	在老师的指导下完成，大部分是在上课时间完成

（续表）

传统项目	基于项目式学习
专注于作品，该作品甚至可以称为“项目”	项目包括一个持续的调查过程和最终的作品
不符合现实世界或学生的真实生活	符合现实世界或学生的真实生活，或者两者兼备

高级项目和顶点项目

这些属于基于项目式学习吗？

在高级项目中，学生通常选择个人感兴趣的主题，进行研究，撰写论文并进行演示。他们还可以进行实地考察、实习或做社区服务，或者创造一些有形的东西——然后就此写报告或形成作品集，反思这些经历，并进行演示。

顶点项目类似于高级项目，但最终会完成特定的课程或计划。该术语最常见于高等教育。作为学士或硕士学位课程的最后一步，学生要完成顶点项目并撰写论文或者只完成顶点项目。美国大学理事会最近为高中生开发了一个预修课程顶点项目。在这个项目中，学生通过多个视角分析主题，计划并进行调查，以书面和讨论的形式交流自己的发现，最后合作解决现实世界中的问题。一些高中让学生在学年结束时完成一个项目。该项目通常是多学科的，类似于顶点项目。在常规课程中体验过PBL的学生将为他们单独完成的高级项目或顶点项目做好充分准备。

的确，在这两种类型的项目中，学生都是通过项目来学习，这是PBL的基本定义。他们在某种程度上学到了一些重要的东西，这不同于许多甜点项目或配菜项目。但是这些项目可能缺乏黄金标准PBL的一个关键特征，也就是协作（预修课程顶点项目除外）。因为学生通常独立完成项目及作品。如果学生刚好有机会接触成年专家，后者也给了一些反馈，这可能会产生某种形式的合作。但他们并不是作为团队来合作的。

这些当然是值得学习的经验，它们具有黄金标准PBL的大部分特征。然而，如果一所学校表示自己使用了PBL，原因是它有高级项目，并且只有高级项目，我们就会表示："这是个不错的开始，但是……"表示自己使用PBL教学方式，就必须将它作为常规学术课程中的常用方法。

项目类型

项目有多种形式和规模。有些老师可能会根据自己的兴趣、教学风格或学科方法偏好一种类型。某些学科领域也会有更倾向的类型。学生的年龄、需求和兴趣也可能是老师设计项目类型时的考虑因素。然而，所有类型的项目都遵循相同的基本路径，共享相同的基本要素。

下面介绍了五种一般类型的项目，并附有示例。请注意，某些项目可能是多种类型的组合。

解决真实问题

学生调查他们学校、社区、更广阔世界中的问题，或者以特定学科的工作人员或专业人士所面临的问题为模型而提出问题。他们可以简单地提出解决方案或实际实施他们的解决方案。学生作品可以包括书面提案和其他文件、手工制品和演示文稿。这种项目类型适用于所有学科，但在以历史、艺术或文学为重点的英语语言艺术课程中往往较少出现。以下是学生可以解决的一些问题示例：

- 学校的废物管理系统效率低下（见附录中的“系统思想家”项目）
- 在学校操场和洗手间观察到的不良行为习惯（见附录中的“美好的社区”项目）
- 低收入社区需要通过更好的土地利用规划，得到更多的投资和资源来改善条件（见附录中的“重塑中南部”项目）
- 当地企业需要吸引年轻人访问其网站
- 野生动物种类正在减少
- 需要解决国家或州的移民问题

这个问题也可以在一个虚构的（但仍然符合现实）场景中构建，比如：

- 调查人员试图确定在海中坠毁的失踪飞机的位置
- 总统顾问建议应对国际人道主义危机
- 法医团队确定在犯罪现场发现的DNA证据是否充分
- 政府专家降低游泳区大肠杆菌水平

设计挑战

这是一个广泛的类别，范围从制订提案或计划到实际创建或构建某些东西，再到表演或举办活动。这些项目适用于任何学科领域，但通常是数学、科学、职业技术学科、语言、体育、健康和艺术领域的首选类型。这里有些例子：

- 滑板公园建造计划
- 建造鸟舍以吸引鸟类到校园
- 制作关于社区历史的播客
- 为当地的自然区域写一份野外指南
- 建造纸板船并搭载乘客进行下水测试
- 使用视频和社交媒体制作现代版的麦克白
- 真实或模拟经营企业
- 在课堂庆祝活动中接待社区访客（见附录中的“感谢农民”项目）
- 为动物园设计新的栖息地（见附录中的“甜蜜之家”项目）
- 绘制家庭装修蓝图（见附录中的“购房人”项目）
- 为小型高尔夫球场设计球洞（见附录中的“高尔夫球场”项目）
- 制作视频，帮助交换生融入法国社区（见附录中的“美国学生在法国”项目）
- 在化学实验室中烹制硬糖（见附录中的“甜蜜的溶剂”项目）

探索抽象问题

在这种项目中，学生关注的不是具体的问题或作品，而是无形的想法和概念。这些项目最常见于英语语言艺术、社会研究和历史，有时还有科学或艺术。该类项目可以从多学科的角度进行探讨。

学生可以用多种方式表达他们对问题的理解——这个问题是开放式

的，有多种可能的答案。他们可以创建书面产品，例如书籍、博客、信件、报告或杂志，也可以制作视频或使用视觉辅助工具进行演示，或者进行现场表演，例如辩论、戏剧、演讲或诗歌等。我们有一些抽象问题的例子可供参考：

- 当两种文化碰撞时会发生什么？
- 酷刑是否合理？
- 我们什么时候长大？
- 机器人是朋友还是敌人？
- 如何用艺术形式体现社区？
- 人在活着的时候能否意识到生命的重要性？（见附录中的“全球幸福，本地行动”项目）
- 什么让人们愿意冒险？

乍一看，专注于抽象问题的项目似乎更适合年龄较大的学生，但它们其实也适用于小学生。加利福尼亚州圣卡洛斯希瑟学校的幼儿园学生就“我们应该杀死蜘蛛吗？”这个问题展开讨论。在波士顿使命山学校的“比萨店和工作世界”项目中，二年级和三年级学生探讨了“工作意味着什么？”。学生们首先采访家庭和社区成员，然后他们创建了为期两天的比萨餐厅——这是一个将概念与具体设计挑战相结合的项目示例。

进行调查

这种项目涉及学生、需要研究、收集数据并进行分析才能回答的问题。它通常出现在历史或科学领域，有时也出现在数学领域，但它也适用于其他学科。这些项目中的常见产品包括报告或其他文章、展览或演示文稿。问题可以关于任何有趣的话题，只要答案是复杂的——通过网上搜索并不能轻易得到。这里有些例子：

- 英国人能否避免美国殖民地的反抗？
- 什么是最好的家庭清洁产品？
- 我的（亲戚）从（其他地方）来到这里感觉如何？
- 我们能从他人关于坚韧和鼓舞的故事中学会什么？
- 全球气候变化如何影响我们的本地植物和动物物种？
- 我们真的需要戴自行车头盔吗？
- 拥有房屋的过程是什么？阻碍人们购买房屋的经济和社会障碍是什么？（见附录中的“居者有其屋”项目）
- 这些石头是怎么形成的？
- 为什么我们的城镇发展成现在的样子？
- 技术如何改变内战？（见附录中的“内战技术”项目）

就问题表明立场

此类项目要求学生研究有争议的问题，收集证据并提出论点。这种类型的项目通常发生在历史、社会研究或科学领域，但也可以用于其他学科中，而且通常是多学科的。学生可能会在这些项目中制作书面文件、进行辩论、发表演讲或进行演示。这里有些例子：

- 我们有权捕捉和笼养动物吗？（见附录中“独一无二的伊凡”全球项目）
- 《凡尔赛条约》对第一次世界大战的战败国公平吗？
- 我们应该通过水力压裂法生产石油吗？
- 杜鲁门总统是否应该因投下原子弹而被判犯有战争罪？
- 警察是否有权搜查我们的汽车？

- 我们县是否应该开发开放空间和自然区域?

项目设计第1步：项目的背景信息

就像商业世界中新产品的设计师一样，老师开始设计项目时需要考虑整体背景：项目对象是谁？我的目标是什么？我的时间框架是什么？我可以和谁一起合作？有哪些参数和限制？只有在做出其中一些重大决策后，你才能准备好投入创新过程。让我们仔细看看你应该如何考虑背景。

项目涉及哪些学生？

如果你独自一人带领小学班级，这个问题的答案通常是“所有人”。此外，你的项目可能涉及整个年级、其他年级的学生，甚至来自其他学校的学生。我们不提倡仅将PBL用于有天赋的学生或那些超过一定读写能力水平的学生。

中学老师可以决定哪几个班级完成哪一个项目，同样，答案也可能是“所有学生”。但是如果你带五个班，又有三种不同的进度，那么同时开展三个项目对你来说就可能太多了。所以在这种情况下，你需要考虑错开时间。特别是如果你是PBL新手，正考虑尝试一个新项目，你就需要以某一个班为基础创立项目，而不是同时考虑三种不同进度。你还需要考虑其他因素，例如每个班级的特定学生群体、课程的具体安排和目标，以及有哪些可用的资源。

项目何时进行？

老师通常开始根据一年中要教授的标准和课程来考虑项目。一位历史老师可能会说，“我想做一个内战项目”，这意味着它将在1月进行。一位小学老师可能会说，“我要等到数学和识字课程开始后，为我们的第一个科学单元做好准备”，然后在9月下旬开始第一个项目。

如果你正在与其他老师一起做跨学科项目，或者你正在与学校专家或外部专家和组织协调时间，时间问题会变得更加复杂（请参阅下一节，了解如何设计项目的复杂度）。此外，还有通常需要考虑的参数：总体校历、重大事件发生的时间以及本学区的测试、评分和报告周期、进度指南和课程安排表。

一些PBL老师喜欢在每学期开头进行项目，为的是立即吸引学生。如果你的学校有一个完善的PBL项目，学生可能已经准备好了。他们知道如何进行团队合作、探究及演示，并且通常能高效适应PBL文化。但是，如果你的学生刚刚接触PBL，请考虑在启动第一个项目之前花一些时间让他们熟悉这个过程，我们会在第五章继续解释这一点。

请记住，黄金标准的PBL确实能使PBL效果最大化，但这是个远大的目标，需要不懈追求。一些项目达到了这个标准，还有些项目虽然对学生有益，但没有达到黄金标准。一般来说，从小事做起，尝试一些可行的方案，激发学生兴趣，促进学习，总比着手实施一个与黄金标准设计框架更匹配的过于雄心勃勃的项目要好。PBL新手的主要任务是尝试一些东西，从中学习，并在下次做得更好。每次尝试都让你更接近PBL的黄金标准。

项目的复杂程度如何确定？

这个问题可能要等到你产生了一些想法之后才能完全回答，但值得从一开始就考虑。如表4.2所示，一个项目的范围可以从简单到复杂，有几个方面的尺度。

表4.2　界定简单和复杂项目的特点

	简单项目	复杂项目
涉及学科领域	一个学科	多个学科
参与人员	一位老师	多位老师；外部专家和组织；附近社区或远方的人
涉及地点	教室、学校	校内和校外
创建作品要求	一个不需要太多时间和高级技能或工具的作品	多个或复杂的作品
使用技术	更少、更熟悉的技术工具	多种需要学习的新技术工具

“简单”的项目并不一定比复杂的项目更好或更差。而且一般来说，特别是对于PBL新手来说，如果项目简单，就更容易专注于PBL教学所需的辅导和支架。即使是一个“简单”的项目，也会为练习批判性思维和至少一种关键的成功技能提供机会。即使是一个简单的项目，也应该深深地吸引学生——让他们想得到更多的东西！

正如我们之前所说，如果你是PBL的新手，在你掌握它之前，不要有太大的野心。一个多学科的项目需要一位老师拥有几个不同学科领域的专业知识，或者需要两位或更多老师的参与，这需要协调计划、资源和时间安排，再加上各自的学生安排。一个涉及外部专家或远方合作伙伴的项目，或在学校以外的地方进行的项目，意味着你需要进行更多的联系和安排等工作。

即使是资深的PBL老师也可能在项目中做出改变或中止。你可以想象为什么在做了几个复杂的项目后，老师可能会说：“让我们用一个更简单的辩论项目来解决关于越南战争的项目，就不要与城市和当地退伍军人协会合作，在公园里设计和建造一个纪念碑了。”

项目持续时间有多长？

在你产生一个想法并做了一些规划之前，你可能完全无法回答这个问题。但是在设计项目时考虑这个因素对你是有好处的。一个项目需要足够长的时间，至少在某种程度上包括学生调查主题、提出产品和解决方案、批评和修改的时间。仅仅是公开学生的作品就需要一两天时间。一个相对简单的项目可能需要8小时至10小时的课堂时间。更复杂的项目通常需要3周到5周的时间。一些目标宏大的项目可能需要几个月的时间，尽管不是每节课或每一天的每一分钟都用于项目工作。

如果学生能够在课外时间进行项目工作，例如，如果团队能够在周末完成一些任务，你需要的总天数可能会更少。同样的情况也适用于在翻转课堂上进行的项目。在这种情况下，学生把获得项目的内容和知识作为他们的家庭作业，并利用课堂时间来应用所学知识。

有时，主题决定了项目的长度和复杂性。相对简洁和明确的内容标准可以在简短的项目中以简单的过程和产品来解决。例如，中学数学老师可能觉得不能在只教一个主要概念或过程的项目上花费超过一周的时间。

一些PBL老师喜欢从一个短期项目开始，也许只持续三四天，让学生为以后的长期项目做好准备。短期项目应该包括项目的所有阶段（见第五章）和黄金标准PBL的所有元素，但程度比较有限。

项目应该有几个主题？

许多主张PBL的人说，PBL的全部力量来自从多个角度对一个主题的调查。如果没有来自不同领域的人的贡献，许多现实世界的问题或难题就无法得到解决。例如，如果学生要分析一个州选举中关于太阳能提案的投票，他们就需要了解一些政府、经济、数学和物理科学方面的知识。有些项目作品要求学生掌握不同学科的知识和技能。例如，如果学生要创建一个当地原生植物和动物的野外指南，他们就需要了解一些生物学知识，并使用写作和平面设计技能。

然而，在许多情况下，单一主题的项目完全够用。单一主题项目能让学生“深入研究”某一主题或问题的复杂性。有些主题和问题只适合从一个学科的角度进行研究。例如，让学生决定哪种移动电话计划最能满足他们家庭的需要，可以只作为一个数学项目来做。或者如果一个项目的作品是关于越南战争的辩论，该项目就是历史项目。但很少有项目是真正的单科，因为大多数项目都涉及阅读和写作。这在小学尤其如此，在所有课程都致力于培养读写能力的中学也是如此。

多学科项目注意事项

请注意，多学科的项目在计划和管理上会更加复杂。例如，小学老师可能需要弄清楚一个社会研究/艺术项目如何实现识字和数学目标。中学老师可以通过两种方式将多个学科纳入一个项目中。你可以完全自己来做，例如，把写作作为历史项目的一部分，或者在生物项目中加入一些数学知识内容。或者教授同一个班级的各学科老师可以采取更大胆的方式，在一个项目中结合两个、三个或更多学科。这需要找到共同的计划表，协调时间，并决定如何将特定内容目标纳入项目。

还有一点同样重要，中学老师不要觉得自己的学科领域在实现项目的主要目标上不重要。当参与一个社会研究或科学的项目时，数学和英语老师最常有这种感受。因为这些项目设计的数学是统计或算术，而不是代数。英语老师也认为自己只是帮助学生完成写作任务。为了避免这种情况，要确保教学团队所教授的多学科项目的基础是重要的数学或英语语言艺术标准。

项目设计第2步：项目的灵感来源

对大多数老师来说，为项目出谋划策很有趣。你要有远见，要进行创造性的思考。最好是与同事合作，因为在多人参与的时候，这个过程会更加生动，富有成效。这个过程与设计思维有许多共同的特点：首先是头脑风暴，大家可以考虑任何想法。在此之后，再确定最佳想法。

有两种基本的方法来确定适合你和学生的项目。一种是改编别人的项目，满足自己需要；另一种是提出自己的想法，从头开始设计项目。

改编他人的项目

想出一个好点子，再设计自己的项目确实需要时间，更不用说这个过程还要求一定的诀窍，所以改编别人的作品并不丢人。尤其是当你在计划课程单元方面没有经验的话，改编现有的项目是你入手PBL的好方法。例如，英国的创新单位为老师提供了样本项目，帮助老师开始设计项目计划。我们用“致敬项目”一词来纪念原创作者。

找到一个可以借用并改编的项目，可能就像在走廊上边走边与同事谈论他做过的项目一样简单。致力于PBL的学校、学区或网站通常会创建一个项目库用于分享。或者你可以在网上找到其他同行设计的项目。巴克教育研究所已经从不同的来源收集了数百个项目，可通过其在线项目搜索工具查询。

如今，越来越多的商业出版商和其他组织也在制作项目。许多出版商将“项目”列入老师版教科书或补充材料中。这对于STEM［科学（Science）、技术（Technology）、工程（Engineering）、数学（Math）］课程来说尤其如此。由于缺乏学生的发言权和选择权，以及黄金标准的项目式学习的许多其他特征，这种所谓的STEM项目实际上只是STEM活动。然而，它们可以在重新设计后的项目中使用，提出一个真实性的目标，提供批评和修改的机会，并在最后公开学生的作品。这样的重新设计将使它们从单纯的活动走向黄金标准的PBL。

当你发现一个想要改编的项目时，可以思考以下问题来对其进行评价：

- 它是否涉及我的目标标准/内容？
- 它是PBL的主菜，还是只是一个“甜点”项目？
- 它是否符合黄金标准的PBL设计标准？
- 它能吸引我的学生吗？
- 它的长度和复杂程度对我的学生和我来说是否合适？
- 考虑到我自己的专业知识和可用的资源，我可以进行这个项目吗？
- 我需要做多少工作来调整这个项目，使之适合我和我的学生？

提出自己的想法

许多老师倾向于提出自己的想法。因为围绕一个感兴趣的主题进行课程规划往往是工作中最让人喜欢的部分，而且你最了解你的学生。此外，你可能有一节课、一个活动或一个单元，用黄金标准的项目设计标准作为指导，通过修改或扩展后，可以变成一个全面的项目。

如何提出项目的灵感没有固定的公式。一些老师从分析他们的内容标准开始。其他人则从思考他们希望学生如何把学习的材料运用于现实世界开始。有时，新闻或与学生的对话会让你的头脑中蹦出一个想法。以下是一些灵感的来源：

- **学校或社区的问题。**找出你所在学校或社区的问题，或者更好一点，让学生找到这些问题。这些问题可以通过项目来解决。例如，在“美好的社区”项目中，一年级学生为他们学校操场上的学生的不良行为问题制订了解决方案。在“重塑中南部”项目中，九年级学生设计了一个在线游戏，让洛杉矶中南部的居民参与到关于他们社区未来的对话中（两个项目的描述见附录）。
- **当前热点事件。**利用当地、全国或全球正在发生的事情来创建一个热点项目。例如，“甜蜜之家”项目（见附录）就是当老师听说底特律动物园计划建造企鹅保护中心时开始的。几年前，一位政府/经济学老师设计了一个名为“重建阿富汗”的项目，讨论什么形式的政府和经济投资最适合这个国家（截至目前，有许多生物老师正在设计关于埃博拉病毒的项目）。此外，选举是一个特别肥沃的项目土壤，正如“提案项目”所证明的那样。

- **现实世界问题。**想想人们在工作或生活中解决的各种问题，或者政府或私营部门可能面临的挑战。例如，在“购房人”项目中，七年级学生通过规划房屋的装修来学习数学。在“甜蜜的溶剂”项目中，高中生扮演化学家，制作硬糖（这两个项目的描述见附录）。
- **内容标准。**分析你需要教授的教学标准——无论是共同核心国家标准、你所在地区的州立标准，还是另一套特定学科领域的标准，从中找到你希望学生深入探索的部分。想一想，一个标准如何应用于现实世界背景。例如，在“内战技术”项目中（见附录），老师希望学生了解内战对美国的持久影响，这是一个重要的历史标准。
- **学生的生活和兴趣。**从学生的兴趣出发，如流行文化、食品、体育和社交媒体；或从他们生活中的重要内容出发，如家庭、友谊、个人身份和成长，以及（对于高年级学生来说）他们的未来。这些主题往往孕育着最吸引年轻人的项目。例如，“芝士味的手指头”项目侧重于凯瑟琳·史密斯小学四年级学生喜欢的垃圾食品。

项目设计第3步：项目的框架确定

正如我们前面所说的，设计一个项目是一个有机的过程，而不是一个机械的、线性的过程。老师经常来来回回改动，先关注项目的一个部分，然后再关注另一个部分。对一个部分的修改往往也需要对其他部分进行修改。在产生想法的时候，你可能已经想到了你的项目的一些目标和特点，那么现在是时候通过以下方式赋予它更多结构了：

- 设定学习目标
- 选择主要作品
- 决定公开展示作品的形式
- 撰写驱动问题

设定学习目标

项目的设计应该是为了教授两类学习目标。(1)关键的知识和理解；(2)关键的成功技能。

关键的知识和理解。从理论上讲，从分析你所教年级或课程需要遵循的标准开始，然后相应地设计一个项目，这似乎是合乎逻辑的。但是，许多老师首先有了一个项目点子，然后再去明确它涉及的标准。无论你采用哪种方式，都要非常清楚和具体地说明你打算让学生学习什么，避免到了最后才发现没有重点。老师尤其需要注意的是，不要让一个项目从启动以后就朝着一个意想不到的方向发展，或者由于学生的兴趣或野心而不断扩大，要确保项目仍然集中在重要的学习目标上。

在使用标准来定义关键知识和理解时，请记住两个标准：考虑哪些内容标准最重要，哪些标准最适合于某个项目。你所在的州或学区可能已经确定了最重要的标准，因为它们是该学科的基础，或者是重要考试中经常考到的知识点。你的学校或部门可能业已将某些标准列为优先事项。如果这两种情况都没有，那就根据自己的专业知识，做出这些判断。如果学生要在一个项目上花费数周的时间，那么这个项目最好值得他们花时间。

要确定一个内容标准是否适合通过项目来学习，要考虑它是否要求深入理解，而不是简单地知道一套事实或程序。例如，关于实验室安全程序的科学标准可能不是一个很好的选择，关于代词的英语语言艺术标准也不适合作为项目的核心。这些标准仍然可以出现在一个项目中，但它们的范围和深度不可能成为做这个项目的主要目标。相比之下，《下一代科学标准》中的这个例子更适合深入的项目："根据岩层中的证据，科学解释地质年代表如何表示地球46亿年的历史。"

关于在一个项目中包括多少内容标准的问题，这里需要谨慎对待。当然，项目应该有足够的内容，才能证明所花的时间是合理的，但又要避免内容过多。请记住，内容标准是需要实际教授和学习的东西，而不是检查清单上"涵盖"的条目。

根据标准的描述详细程度，每个项目的每个学科领域集中于两三个内容标准就很好。如果标准太多，就很难教好和评价。请注意，我们说"集中于"是因为项目可能会涉及或提到其他的标准，但这些并不是项目的明确目标。例如，阅读和写作标准可能贯穿于整个项目和每学年的其他学习活动中。

关键的成功技能。尽管在大学、职业、公民身份和生活中取得成功需要很多能力，但你可能还记得，在第二章中，我们提到黄金标准项目式学习优先考虑三个方面：批判性思维、解决问题的能力以及协作和自我管理。虽然所有项目都应该为学生提供发展和实践这些技能的机会，但试图在一个项目中明确教授和评价这些技能可能不太现实。一些PBL老师选择一两个重点关注，并将其他能力作为下一个项目的目标。

选择主要作品

在第二章中，我们提到PBL的其中一个定义就是学生完成的作品，而不仅仅是学习和记忆。公开展示该作品非常重要，因为它提供了一种展示和讨论学生所学内容的方法。作品是家长和社区成员看到的。也就是说，作品是观众眼中的项目。因此，在设计项目时，选择主要作品是一个重大决定。

学生在一个项目中产生的作品可能会有很大的差异，可以是手工物件，也可以是问题解决方案的具体实施。一个典型的项目通常包含一两种作品，例如书面报告和带有多媒体的口头演示。一些附加产品（通常用于形成性评价或反思）也可以是项目的一部分，例如视频故事板、研究笔记或学习日志/反思日志。（我们将在第五章中详细介绍这些不同类型的产品。）

鉴于作品的选择很多，老师可能难以抉择。为了帮助缩小选择范围，当你为一个项目选择主要作品时，请思考以下问题：

- **该作品是否能提供足够的证据，证明学生已经达到了学习的目标，或者需要一组作品组合？**在一些项目中，主要作品可以为学生在内容标准方面的进展提供直接证据。例如，在前面提到的“全球幸福，本地行动”项目中，学生们写了关于当地历史的非虚构类叙述，并在班级网站上发表。这个作品证明学生已经达到了英语语言艺术内容的写作标准，即用叙述方式描述真实或想象的经验。在“癌症”项目中，学生根据他们的研究创造了展品并进行了展示。但在一个要求学生设计新容器的数学项目中，物理模型只能提供部分证据证明学生已经达到了目标标准。该项目必须要求至少有一个其他的产品，如一组图纸和书面的数学模型分析，要求学生创建一个函数来比较容器的尺寸和它的体积或表面积。分析报告还将以图形、数字、代数和口头形式表示该函数。做“甜蜜的溶剂”项目的化学系学生除了为节日礼物制作硬糖，还写了一系列的博文。参加“内战技术”项目的八年级历史学生在写研究报告的同时，还制作了一件工艺品作为演示的核心内容。

- **作品是否尽可能地真实？**正如第二章中所描述的那样，真实性是黄金标准PBL的基本要素之一，所以要考虑你的项目的主要作品的真实程度。想象一下在学校外面的世界，人们都在做什么。如果他们正在解决或处理这个问题，或者为了满足你项目的重点需求，他们会创造什么作品？例如，环保组织的游说者不会为国会议员制作宣传册。相反，他们会写一封有说服力的信或在会议上做演讲。同样，厨师制订菜单、建筑师提供计划、土木工程师建造比例模型、立法者制定法律，但他们的作品都不会是一篇文章。
- **作品是否可行？**这是一个更实际的考虑。考虑到你自己的专业知识的局限性，想一下学生在他们这个年龄段能做什么，他们有哪些可用的时间和资源，能否创造出需要的作品？例如，你或你的学生可能觉得自己雄心勃勃，决定编写并在社区剧院上演两小时的戏剧；但本学年只剩下两个月了，还有其他内容要教，而你的学生也不具备写剧本的经验。也许只完成其中几个场景会是一个更好的办法。或者，想象一下让五年级学生设计和制造机器人，但成本、材料和所需的高级机械技能令人望而却步，所以可以让学生尝试制作简单的电子玩具。
- **哪些作品将由学生个人创造，哪些作品将由学生团队完成？**为了确保可以评价每个学生的学习情况，你需要让学生独立完成一些作品或者其中的重要环节。例如，如果一个团队要做多媒体演示，可以要求每个学生写出关于这个主题的部分报告，或写出他或她自己对驱动问题的回答。如果一个团队建造了一个电子雕塑，可以要求每个成员提交一份关于建造过程和所学到知识的解释报告。（在第五章中，我们会详细描述为什么需要对学生个人的项目进行评价，而不是只给“小组成绩”。）

- **学生团队创造相同的作品还是不同的作品？**这个问题的答案取决于项目的性质、学生拥有发言权和选择权的程度以及管理项目的实际考虑。有些项目就其性质而言，会有相同的作品。例如，如果学生要为社区举办诗歌朗诵会，作品就必须是一首诗——但诗的主题可以不同。如果你决定让学生选择他们创造的作品，请注意，如果你（甚至一个老师团队）试图同时管理视频、网站页面、插图日历等这多种类型的作品，后勤工作就会变得更加复杂。（参见表4.3中的作品和重点对应表。）

表4.3　作品和重点对应表

相同的作品，相同的重点 例子：关于本地区水质的介绍	不同的作品，相同的重点 例子：关于本地区水质的演示或摄影专题
相同的作品，不同的重点 例子：介绍本地区不同地方的水质情况	不同的作品，不同的重点 例子：关于本地区不同地方的水质的演示或摄影专题

一旦考虑了这些问题，你就会更容易决定要求学生呈现的作品类型。一个项目可以有一个或多个以下类型的作品，或者作品组合。

演示（包括任何形式的现场表演）：

- 演讲
- 诗歌朗诵/讲故事
- 辩论
- 音乐作品或舞蹈
- 口头陈述/答辩
- 讲课
- 新闻现场报道
- 公共活动
- 小组讨论
- 推销
- 话剧/戏剧

书面作品（包括一些传统的学术类型写作，但在项目中写作是为了特定的听众或真实的目的，而不仅仅是为了完成学校的作业）：

- 研究报告
- 书评
- 信件
- 培训手册
- 宣传册
- 数学/工程分析
- 博客
- 科学研究/实验报告
- 现场指南

媒体和技术产品（包括所有类型的媒体）：

- 录音/播客
- 视频/动画
- 幻灯片
- 网站/网站页面
- 绘图/绘画
- 计算机程序/应用程序
- 拼贴画/剪贴簿
- 数字故事/漫画
- 摄影专题

创意作品（包括任何由学生创建的东西，尽管可能只是一个模型，而不是一个实际的、全尺寸的结构或工作装置）：

- 小模型
- 科学仪器
- 消费产品
- 博物馆展品
- 设备/机器
- 建筑
- 车辆

规划类作品（包括各种类型的建议或者计划，但没有实际建造或执行。创建此类作品本身可能是一项要求严格的任务，应该从专业人士的角度仔细准备）：

- 建议书
- 蓝图
- 商业计划

- 时间线
- 设计
- 流程图
- 投标或估价

决定公开展示作品的形式

在下一章，我们将详细讨论如何进行项目展示和学生作品展览。当你设计项目框架时，你只需要对形式做出一些一般性的决定。学生可以通过各种方式公开他们的作品。

（1）将作品用于现实世界。在一些项目中，学生创造的作品本身就是“公开”的，因为它是为在现实世界中实际使用而创造的。例如，在“美好的社区”项目中，一年级学生制作了宣传良好行为习惯的海报，并贴在学校卫生间的墙上。在“重塑中南部”项目中，社区的各利益相关者被招募来玩学生创作的视频游戏（这些项目的描述见附录）。

（2）进行现场或线上演示。演示的受众应该是除学生的同学和老师以外的任何人：其他学生、学校工作人员和行政人员、家长和社区成员、商业界人士，或来自非营利组织和学术界的专家。例如，“购房人”项目中的七年级学生向包括老师的一位从事住房改造项目的朋友在内的观众做了演讲。如果没有相关的真实角色在场，可以请观众扮演角色（如请学校校长扮演美国总统）。如果学生是为特定的最终用户创造作品，那么观众中应该包括这些用户。例如，“系统思想家”项目的五年级学生向家长委员会成员和学校行政人员介绍了改进校园废物管理的建议（这些项目的描述见附录）。

（3）开展活动。与做演讲类似，学生可以计划和执行邀请公众或特定群体参加的活动。根据项目的性质，有很多选择：电影节/视频节、诗歌朗诵会、艺术展览、演讲、小组讨论或辩论、模拟审判、学校集会、作家读书会、贸易展览或社区庆典。在“感谢农民”项目中，一年级学生在教室里接待来自社区的成员。在“癌症”项目中，学生们举办了有演讲和展览的募捐晚宴。参与“美国学生在法国”项目的学生举行了他们制作的电影的公开放映（这些项目的描述见附录）。

（4）**在公共空间展示。**某些种类的作品适合公开展示，如学校墙上的画、社区中心的博物馆展品、当地以科学为导向的公司大厅里的装置或模型，或小镇图书馆的摄影文章和艺术品。在“自由战士”项目中（见附录），九年级学生创造了博物馆级别的展品，并把这些展品陈设在社区的各种场合。

（5）**发表、张贴或邮寄。**学生可以把他们的作品做成硬拷贝或电子书、杂志或其他书面产品与读者分享。在“独一无二的伊凡”全球项目中，来自世界各地15个班的学生将他们的写作收集在一本250页的电子书中，用iTunes出版，并通过iTunes商店分发。在“全球幸福，本地行动”项目中，学生们在班级网站上发布了关于本地历史的非虚构类叙述，然后将二维码链接放在所写的每个地点的标志上。在“高尔夫球场”项目中，高中几何学学生通过电子邮件将他们的设计方案和一封有说服力的推销信发给一个迷你高尔夫球场的业主（这些项目的描述见附录）。

撰写驱动问题

黄金标准的PBL始于一个富有挑战性的问题。而驱动问题是用学生容易接受的语言来描述项目核心的挑战性问题。它提醒学生为什么他们要完成这个项目。它的设计是为了激发学生的兴趣，将他们的注意力集中在项目核心的关键思想、问题和知识上。驱动问题可以指导老师的计划，帮助老师思考学生要完成哪些活动才能回答驱动问题。老师可以将驱动问题写在一张纸上，张贴在教室里，并在项目开展过程中定期与学生一起重温这个问题，帮助他们获得新的知识和理解。

驱动问题也可以被称为“基本问题”或“问题陈述”。项目的性质不同，有时撰写驱动问题可能很棘手。我们建议，对于某些项目，老师可以在计划的过程中写出驱动问题。但许多PBL老师更喜欢在项目开始前与学生一起写出驱动问题，让学生建立一种主人翁意识。

只有满足三个标准，驱动问题才能是一个有效的问题。它应该吸引学生，开放，并且与学习目标相一致。

（1）为了吸引学生，驱动问题应具有以下属性：

- 能让学生理解；
- 适合项目预期的年龄、人口背景、社区等的学生；
- 不同于来自教科书上的典型问题；
- 具有启发性或耐人寻味，引导学生提出进一步的问题，开始探究过程；
- 根据项目的情况，它可能具有当地的背景或要求学生采取行动的指示，使它更有吸引力；
- 在适用的情况下，使用“我”、“我们”或“我们的”，而不是“你”或“学生”，让学生建立一种主人翁意识。

（2）开放式的问题具有以下属性：

- 有多个可能的“正确答案”；
- 答案只能是原创的，学生在网上搜不到；
- 答案很复杂，需要深入研究和调查；

- 答案可以是“是”或者“否”，但在这种情况下，学生必须进行详细解释或说明。

（3）与学习目标一致的问题具有以下属性：

- 学生需要学习项目的内容标准并练习关键的成功技能才能回答；
- 问题不是对内容标准的重述，但在不使问题过于冗长或枯燥的情况下，问题可以包含内容标准的部分描述；
- 问题不会太大，但要求学生展示的知识要超过项目时间内学生所能学到的知识。

正如我们在本章前面部分所描述的那样，通常有五种通用的项目类型。根据项目的类型，驱动问题的写法可能有些不同，但它仍然应该满足这三个标准。我们在前面向你展示了部分项目的驱动问题，现在让我们看看更多的例子吧。下面有些例子对应的项目很清楚，对不清楚对应项目的例子，我们也给出了适用项目的说明。

（1）解决真实的问题

- 作为企业家，我们如何制订能够吸引投资者的商业计划？
- 我们应该如何处理足球场上的地鼠？
- 我们的学区能否开发一个更有效的校车系统？
- 作为伦敦投资者集团的顾问，我们如何规划一个成功的新大陆定居任务？
- 我们如何确定气候变化统计数据的有效性？
- 更多的投资，是否能让一支体育队赢得更多的比赛？

（2）设计挑战

- 我们如何为抗击白血病筹集资金？

- 我们应该在学校的花园里种植什么？
- 我们怎样才能为本学区所有学校举办一次运动会？
- 我们如何计划并开展本市历史遗址的游行游览？
- 我们怎样才能成功地举办一次诗歌大合唱？
- 我们怎样才能创建一个网站，鼓励他人阅读我们推荐的书籍？

（3）探索抽象问题

- 什么是健康饮食？

学生们计划并在他们的社区开展一场关于营养的宣传活动。

- 哪些证据才能让人们相信一个科学声明？

学生评价关于消费品的各种说法，并创建一个消费者指南网站。

- 谁是英雄？

学生创建一本关于他们生活中符合英雄标准的重要人物的故事书。

- 人们为什么要搬家？

学生们阅读故事，比较国家和地方的数据，然后制作视频，用他们社区的例子来回答这个问题。

（4）进行调查

- 我们的饮用水水质如何？

学生们进行实验，做现场工作，并采访专家，准备发表演讲。

- 鸟类是由恐龙进化而来的吗？

学生们扮演科学家的角色，在小组讨论和书面报告中判断证据的可靠性。

- 哪些国家事件和发展对我们社区的历史影响最大？

学生们采访社区成员，研究历史文件，创建电子剪贴簿。

- 过去儿童的生活是怎样的？

学生们研究古代人民生活的历史文献，并为博物馆的展览制作多媒体展示。

（5）就问题表明立场

- 转基因食品是有害还是有益？

学生们评价双方的证据，并在社区成员以及该领域专家的面前进行辩论。

- 我们应该杀死蜘蛛吗？

学生们研究蜘蛛的好处和潜在危险，并制作视频来表达他们对这个问题的立场。

- 这些书应该被审查吗？

学生们阅读过去被审查的各种书籍，了解审查法和法院判决，然后给全国学校董事会协会写信，表达他们的观点。

一个项目中可以有多个驱动问题

有些项目（较长和较复杂的项目）可能需要不止一个驱动问题。例如，设想一个科学项目的总体驱动问题：为什么会发生物种灭绝，其影响是什么？这是一个大问题，所以可以通过让学生关注更具体的子问题来解决，如二叠纪–三叠纪大灭绝是什么造成的？是什么造成了恐龙灭绝？恐龙灭绝如何为新物种的进化提供空间？现在的情况与以前的大规模灭绝相比有什么不同？

第一次尝试写驱动问题时，可能会出现失误。让我们来看看一些驱动问题的示例，看看如何对它们进行修改才能更好地满足这三个标准。

原问题：本市有哪些树木？

修改后：我们如何才能让人们了解本市有哪些树木？

为什么更好：第一个问题有一个单一的正确答案，答案甚至可能通过互联网搜索就能得到。第二个问题是开放性的：有很多方法可以让人们来了解，包括书面的野外指南、谷歌游览地图、播客或“现场”徒步游览。如果学生是为了一个真实的目的而创作作品，比如城市机构要求创造一个实际使用的野外指南，这种真实性也会使问题更具有吸引力。

原问题：什么是健康食品？

修改后：我们吃什么食物重要吗？

为什么更好：学生仍然需要学习相同的内容来回答第二个问题，但第二个问题更加开放。它也有批判性思维的成分，因为学生必须表明立场，并以证据为其辩护。对于小学年龄段的学生来说，这种修改的优势在于后者听起来很有启发性，也更有吸引力。

原问题：我县的哪些建筑能代表我们重要的历史，应该被列为历史建筑并受到法律保护？

修改后：我县是否应该拯救老建筑？

为什么更好：尽管原问题是开放式的，而且以当地为重点，但它的语气“像一个老师”，想把几个术语和概念以及理由都装到一个问题里面。第二个问题更有吸引力，因为它更短，词汇更简单。学生会自己理解为什么保存历史的见证物很重要，而不是被别人告知这很重要。

原问题：如何运用数学计算篮球统计数据？

修改后：科比·布莱恩特和勒布朗·詹姆斯，谁是更好的球员？

为什么更好：第一个问题听起来像是数学课本中的“特别问题”。第二个问题更有吸引力，因为它是开放式的，与学生的兴趣相关。要回答这个问题，学生仍然会学到很多关于利用数学计算篮球的统计数据的知识。它还需要批判性思维，因为学生需要评价证据并根据标准来做出判断。

原问题：如何运用光的衍射和光的传输方式，确定低压和高压钠蒸汽路灯的最佳用途？

修改后：我们如何为混合用途的城市街区制订最佳的照明计划？

为什么更好：与上个例子类似，老师试图在第一个问题中包含一堆与内容相关的术语。第二个问题更适合学生。二者学习目标一致，但后者没有明确指出目标。而结果却是第二个问题因为关注对当地采取行动的实际挑战，变得更有吸引力。在问题中加入“最佳”一词，强调了批判性思维的必要性，因为学生需要建立判断的标准。

调整与修论

在设计了一个项目的基本框架之后，也就是说你已经设定了学习目标，选择了主要作品并决定如何公开分享，还写了一个驱动问题，那么此时你可以退后一步，进行一些调整和修改。

从黄金标准PBL的角度思考你的项目。它是否反映了第二章中描述的设计特点？你想在这个模式的基础上修改什么吗？

从学生的角度来思考你的项目。学生愿意参与其中吗？他们会觉得这个项目有挑战性，但又不过于复杂吗？

从同事或管理者的角度思考你的项目。要学习的内容是否重要到需要花这么多时间？项目的中心思想、学习目标、主要作品和驱动问题是否能结合起来？考虑到你的环境和制约因素，这个项目看起来是否合适，是否可行？

对项目进行反思的最佳途径是把它展示给其他人，并请他人反馈。你可以在与同事的准备时间内非正式地做这件事。或者考虑请一组同事加入你的结构化过程，如评价性朋友协议。如果学生足够成熟，有足够的经验或指导，你甚至可以让学生组成重点小组，检验一下你的项目设计。

我们将在下一章探讨如何在课堂上实施项目。

第五章

课堂上的项目管理

本章我们将研究与学生一起启动项目之前应该考虑什么，以及一旦项目开始后如何管理。最后，我们将对在PBL中使用的技术做一些说明。

在老师设计了一个项目后，让学生参与项目就是一个更具挑战性的任务。

有很多实施细节需要计划。而且，那些写在纸面上看起来不错的东西，在现实的课堂上实施起来可能并不完美，所以需要保持灵活性。没有两个项目是以完全相同的方式展开的，所以我们不可能就管理项目给出万能建议。项目在学生的投入、指导、发言权和选择权方面也有所不同。我们在此提出的看法都是一般性的、通用的，而你的项目可能会有所不同。

我们选择描述如何管理“老师指导型”的项目，而不是“老师促进型”的项目。后者对于那些有黄金标准PBL学习经验的老师和学生来说更为典型，它们的特点是学生的独立作业更多，学生的发言权和选择权更大。

最后还有一点，我们在这里给出的许多建议更适用于小学高年级和中学学生的老师。对于那些不能独立学习的低年级学生，老师将需要做出相应的调整。

学生是否已经做好准备

正如我们在第四章中提到的，如果学校里基本所有的老师都使用PBL，而且有一定设计和指导项目的基础，老师无需花费大量时间来为学生做准备，可以直接启动项目。学生知道如何在团队中有效地工作、处理一个开放式的问题或任务、寻找和使用资源、管理时间和任务、与成人专家交谈，并满足PBL的其他要求。但是，如果你的学生是PBL的新手，或者你不了解他们以前的项目经验，你就需要花一些时间收集数据并为他们做准备。

如果你知道学生以前做过项目，那就和他们谈谈那些项目都是什么样子的。了解他们做了什么项目，哪些方面进展顺利，以及他们面临哪些挑战。如果他们的年龄足够大，请学生反映他们今年想在哪些技能或思维习惯上下功夫。你可以给他们一份调查表或要求他们写下这些内容。你或许还想知道学生熟悉什么技术工具、有什么特殊技能、是否具备艺术或领导天分，以及他们是否可以为项目工作带来其他优势。

如果你的学生基本上都是PBL的新手，或者只做过几个项目，但没有达到黄金标准的PBL，你可以采取两种准备方式。一种是启动第一个相对简单的项目，培养学生的PBL技能；另一种方法也许更安全，在启动第一个项目之前的几天或几周，计划一些技能培养和文化建设课程。通过问自己以下问题，思考还需要为学生做哪些准备：

（1）**学生是否具备良好的团队合作能力？**这往往是一个需要克服的大障碍，特别是如果学生过去在“小组作业”方面有不好的经历。与学生进行坦诚的交谈，了解在团队合作中出现的典型挑战以及如何克服这些挑战。如果有必要，让学生做一些低风险的团队建设活动，让全班讨论作为一个团队一起学习意味着什么。通过练习合作讨论技能，如积极倾听、分享和发展想法以及尊重不同的观点，为学生的团队工作做好准备。教会学生如何通过协商一致做出决定，如何制订计划完成复杂的任务，以及如何公平分工。给他们机会，让他们在一两天的短期活动或“迷你项目”中进行练习。

（2）**学生是否习惯这种大量涉及老师指导的任务、讲课、教科书、工作表和“给出正确答案”的教学方法？**这个问题更多的是关于塑造PBL文化，而不是教学生新的技能，但它非常重要。你可以与学生讨论PBL的目标，分享过去项目中的学生作品的例子，邀请以前的学生作为演讲嘉宾，或者观看PBL的行动视频，向学生展示PBL多么令人兴奋，多么具有教育意义。你也可以讲述一个成功项目的故事，并讨论它与传统的学校作业有何不同。或者你可以请班上以前做出过成功项目的学生来谈谈他们的经验。

基于项目的教学中的一个工具是示范，所以要用例子来证明思考一个开放性的问题并得出自己的答案是什么意思。教会学生如何提出好的问题，通过一些例子来指导探究过程。让他们知道，他们可以自己努力尝试。你不会告诉他们每一步该怎么做，但你会在需要时支持他们。告诉他们一开始做错了也没关系，可以回去学习更多知识再重新开始，或者调整他们手头的任务难度。

（3）**学生是否能够批判性地思考、具备解决问题的能力、能够发现和评价信息、善于集思广益、给予他人反馈、勇于接受批评，以及执行其他复杂的认知任务？**以上一些能力需要在项目期间，在特定的背景下教授，但你可以提前做一些技能培训工作。例如，让学生做一些需要用到批判性思维的活动，然后进行汇报，以建立学生对批判性思维的共同理解。教他们如何在项目过程中解决问题以及产生灵感。培养学生使用互联网搜索的能力，让他们了解应该如何判断自己是否找到了高质量的有用信息。让学生练习你计划使用的任何评价协议。

（4）**学生知道如何使用项目中涉及的特定技术工具，知道如何联系和采访专家、如何做演示吗？**同样，你可以在项目中教授其中的一些技能，但这样做需要一些时间，所以你可以考虑是否要通过提前练习使项目更顺利地进行。特别是学习使用某些技术会占用项目的时间，所以如果你或你的学生想使用一个新的工具进行在线合作或创作新的作品，考虑在启动项目之前预留学习时间。

许多项目的一个突出特点是可以邀请成人专家、导师或来自学校外面的人来参与。对年轻人来说，与成年人接触和互动可能是一个主要障碍。通过一些低风险的实践活动，减轻学生的压力，培养他们的技能。同理，公开演讲也是如此。对大多数老师来说，这并不难，但组织演讲和在听众面前顺利发言对学生来说是个挑战。

计划项目日程，安排项目资源

就像为每个单元做计划一样，你应该为一个项目制订计划。许多刚接触PBL的老师可以预见项目的开始和高潮，但中间的部分却很模糊。一些关于PBL的刻板印象让人觉得你可以只设定目标，然后站在一旁，让学生一直独立工作。的确，如果你和你的学生在PBL方面有经验（还需要考虑到学生的年龄），他们应该有更多的自主权。但是独立工作（在老师监督和指导下）只是其中的一部分。

一般来说，项目日程表应该包括课程和其他老师提供的经验、现场工作或与其他成人的接触（在某些项目中）以及学生的工作时间。有些时候，学生的工作时间需要一整天。特别是在接近尾声时，学生正在完成他们的作品并准备将其公开。而其他日子，尤其是在项目刚开始的时候，学生们会有更多的知识学习和技能准备活动。日程表还应该有定期的检查点，并有足够的时间进行形成性评价和修改。在下一节指导项目每个阶段的内容中，我们将讨论项目日程表需要关注哪些细节。

启动项目前的另一个重要步骤是安排任何必要的资源。如果你计划让外部专家、导师或组织参与进来，一定要提前与他们联系并协调时间。还要安排所有必要的设备、技术等。除了在项目期间为学生提供辅导，你可能还需要提前为学生辅导，使班上的所有学生都能成功完成这个项目。例如，阅读水平不高的英语学习者可能需要了解帮助他们掌握项目词汇的材料。

项目的各个阶段

当你设计项目时，黄金标准的PBL设计框架（如第四章中的详细描述）提供了一个结构，你可以在此基础上建立。你现在的任务是计划如何帮助所有的学生回答驱动问题并完成高质量的作品。表5.1显示了一个项目的基本阶段。一个典型的项目要经过四个阶段，遵循探究和作品开发的过程。本章的剩余部分为每个阶段的开展提供了建议和指导。

表5.1 项目路径

学生在想什么	项目路径（过程中可以修改）	老师如何支持学生的探究
这个项目要求我做什么？ 我需要知道什么？ 为什么这很重要？ 我将与谁分享我的工作？	第1阶段 启动项目：引入活动和驱动问题	举办引入活动并提出或者与学生共同构建驱动问题 鼓励学生提出问题
我可以/应该使用哪些资源？ 我可以相信我所找到的信息吗？ 我在这个过程中的作用是什么？	第2阶段 为回答驱动问题，学习知识、建立理解并培养技能	促进资源的使用和评价 根据学生的需求提供课程、辅助和指导

（续表）

学生在想什么	项目路径（过程中可以修改）	老师如何支持学生的探究
如何将我所学到的东西应用到这个项目中？ 我遇到了什么新问题？ 我需要更多的信息吗？ 我的项目是否按照计划进行？	第3阶段 开发和评价驱动问题的答案和相关作品	帮助学生将所学应用于项目任务 提供额外的帮助，帮助学生学习新知识，提出新问题 促进反馈过程
我应该对我的项目做什么说明？ 我怎样才能最好地与他人分享？ 我学到了什么，下一个项目应该做什么？	第4阶段 展示作品并回答驱动问题	帮助学生评价他们的项目促进学生对过程和学习的反思

第1阶段：启动项目

当老师开展一个引入活动，让学生知道这不仅仅是另一项作业时，项目就启动了。该活动激发学生对项目的兴趣，并引发关于该主题和过程的思考。在老师提出驱动问题（或与学生一起创造驱动问题）后，学生的问题清单就产生了。形成的问题清单将持续指导探究过程。这一阶段通常确定项目的主要作品、组建学生团队、讨论其他后勤细节，并为项目任务奠定基础。

第2阶段：学习知识、建立理解并培养技能

现在，项目真正开始了。学生通过老师提供的课程和资源、独立调查以及与专家和导师的接触，获得项目所需的知识和技能。学生在学到更多知识的同时，会提出更深层次的问题。

第3阶段：开发、评价和改进作品

在这个阶段，学生运用他们所学到的知识，为驱动问题提出可能的答案。老师可能会提供新的体验活动（如提出转折性问题、举行活动、增加阅读、嘉宾演讲、实地研究、提供资源等）从而引导学生提出进一步的问题。最初的草案、原型和作品的想法会提交给同伴、老师、相关产品或服务的专家或用户进行评价。然后，学生决定他们是否需要修改他们的作品或学习更多的东西，这个过程会重复进行。

第4阶段：公开展示作品

学生得到驱动问题的答案，并完成作品。他们将自己的作品公之于众，并分享他们完成项目的过程。老师帮助学生对其项目进行自我评价，要求他们对项目中所学到的知识进行反思。

管理第1阶段

对于小学高年级和中学的学生来说，项目的第一阶段通常持续两三个课时或几个小时。对于年龄较小的学生来说，他们可能需要更多的时间来探索一个主题，并在专注于一个项目之前了解背景知识，所以第1阶段可能需要几天时间，这也取决于每天投入多少时间。

排在第一位的永远是引入活动、驱动问题和学生问题清单。这些元素不仅是探究过程的开始，而且也为学生创造了参与感和自主感。一次性给出太多项目方面的细节，如截止时间、分值、阅读清单和家庭作业，会让学生误以为这一切都是计划好的，他们没有发言权和选择权。但是，除了以下列表的前三个内容，其他活动及其顺序可以有所不同。

以下是一个项目第1阶段常见的活动：

- 举办引入活动
- 介绍驱动问题
- 生成要调查的学生问题清单
- 讨论主要作品
- 解释项目日程表
- 召开初步的团队会议，开展团队建设活动
- 讨论并撰写团队工作的规范和团队合同
- 写下初步的任务清单
- 开始写个人活动日志或项目日记
- 开始研究、阅读其他与内容有关的工作

引入开场活动

为了最大限度地提高PBL的吸引力，启动探究过程，一个项目不应该像其他任务或活动一样开始。我们需要一种能让学生感到兴奋或好奇的活动或行动倡议，这就是“引入活动”。该术语起源于基于问题的学习，我们再次借用一下。

引入活动与传统备课中简单的“导引”不同。它更有深度，通常也更长，其目的是让学生思考，而不仅仅是引起他们的注意。一个好的切入点能鼓励学生激活他们的已有知识。引入活动的时间可以从10分钟或15分钟到1个课时。对于年幼的学生来说，引入活动可以分散在几天内，以便将他们引入一个陌生的主题。

引入活动可以是以下任何一种：

- 实地考察
- 嘉宾演讲
- 视频或电影场景
- 导读
- 模拟
- 惊人的统计数据
- 令人费解的问题
- 真实或模拟的信件
- 热烈讨论
- 歌曲、诗歌、艺术

本书中的样本项目（见附录）提供了各种各样的引入活动。在“感谢农民”项目中，一年级学生听取了演讲嘉宾的发言：做过项目的学生讲述自己的项目给社会带来了哪些改变。“甜蜜之家”项目以底特律动物园的专家给学生的一封信开始。在学生们阅读了一本引人入胜的小说之后，“独一无二的伊凡”全球项目开始了。为了启动“系统思想家”项目，老师要求学生在校园里走动并进行观察。而“全球幸福，本地行动”项目的引入活动则是要求学生们做一个调查，将他们的数据与全球结果进行比较。

插入驱动问题

关于何时和如何向学生介绍一个项目的驱动问题，没有单一的规则。这取决于项目、引入活动、学生，以及老师的判断和风格。例如，设想一个关于大屠杀的历史/英语项目。为了启动这个项目，老师可能会简单介绍电影《辛德勒的名单》，然后播放该电影中一个经典的场景。在全班讨论该场景后，老师要求学生做一个关于以下驱动问题的项目：大屠杀告诉我们关于人性的哪一方面，为什么种族灭绝仍然发生？一旦他们看到这个场景并进行讨论，学生就会对这个问题产生一些了解。它具有更多的感情色彩，变成了一个值得研究的话题。当学生开始对大屠杀和最近的种族灭绝产生疑问时，他们就会自己举起手来。

如何引入一个驱动问题，可以以四年级的“甜蜜之家”项目（见附录）为例。这个项目的引入活动是底特律动物园给学生的一封信，要求他们设计符合某些标准的动物栖息地。老师立即提出了驱动问题——这个问题相当直接，也很容易被学生接受——我们怎样才能为底特律动物园的动物们设计一个栖息地？

一些PBL老师选择与他们的学生一起编写驱动问题，这让学生有更强的主人翁意识。例如，在对当地一个需要升级的公园进行实地考察后，一位老师与学生讨论他们想做什么。比如，进行短期的清洁工作，并与市政府联系，提出有关新景观和新的操场设备的建议。他们用一个驱动问题来确定他们的项目，即我们怎样才能使我们的公园成为一个更好的游玩场所？

与全班讨论驱动问题。要确保学生理解问题，让他们提出可能的答案。如果你或你的学生认为这个驱动有意义，可以继续增加子问题。“甜蜜之家”项目就产生了这些子问题：

- 我们要为哪些动物设计栖息地？
- 动物园的栖息地需要什么？
- 我们有多大的空间？
- 我们能从动物的原始栖息地获得植物、土壤和岩石吗？
- 动物园为此需要花费多少钱？

- 我们是否需要制作模型或图纸？

在项目的后期阶段，重新审视驱动问题。让学生讨论新想法，并评价可能的答案。在一些项目中，你和你的学生甚至可能需要重新讨论或改变驱动问题。在项目结束时，要求学生给出他们对这个问题的最终答案，并回顾他们回答这个问题的过程（关于这一点，请参考第4阶段的内容）。

创建学生问题清单

在引入活动和驱动问题之后，老师让学生对主题和他们在项目中的任务提出问题。一些PBL老师创建了一个两栏式图表，标题是“我们知道什么？”和“我们需要知道什么？”其他老师，尤其是小学老师都很熟悉KWL图表［知道（Know）、好奇（Wonder）、学习（Learn）］。他们利用该图表来跟踪学生在项目中的问题和学习，为他们必须学习和理解的内容提供指导。这些技巧也激活了学生已掌握的关于该主题的知识，基于问题式学习的研究者发现这一过程对未来的学习和有效应用所学知识非常重要。

以下活动有助于学生有效地提出和组织问题：

- 提醒学生你在设计项目时，曾让他们进行的实践，并回顾实践的做法（如果他们不曾进行实践，请给他们举例）。
- 在创建班级问题总列表之前，给学生一些时间思考。让他们先以小组为单位写问题，然后大声分享。
- 让学生用自己的语言描述问题，帮助他们掌握问题的所有权。
- 如果想让每个团队有更大的发言权和选择权，那就让每个团队都提出自己的问题。
- 生成问题列表后，帮助学生进行分类。让不同的学生或团队调查不同的问题可能会更有意义。

生成学生问题列表后，用其指导学生完成整个项目。（请参阅本章后面的“引导学生探究”一节。）

确定学生作品评价准则

具体何时以及如何完成这一步骤要看具体情况。你可以在引入活动或提出驱动问题时，描述或建议学生应完成的作品类型。你也可以在学生对主题进行一定探索以后再讨论这个问题。在一些项目中，你可能会要求学生在对某个主题进行了一定程度的调查后，自己决定作品类型。在任何情况下，在项目开始的时候，你就应该在问题清单中列出学生关于作品的问题，以及他们将如何创造作品的问题。

帮助学生了解高质量作品的要求，并提供准则和范例。项目中的每个主要作品都应该有一个准则。评价准则可以在项目之前编写（或使用以前的项目中的规则），也可以在项目期间与学生一起编写。评价准则应该使用学生友好的语言。为了确保学生理解评价准则，最好的方法是让他们练习使用评价准则，并举例说明如何应用规则在项目中创建作品。

组建学生团队

我们之前说过，协作是黄金标准PBL的一个基本要素。然而，团队项目工作的范围和性质取决于学生的年龄。我们在这里提供的大部分信息更多地适用于小学和中学高年级的学生。如果你的学生年级比较小，全班一起完成项目的效果可能比分小组的效果好，但你仍然应该为孩子提供机会，让他们学习如何与他人合作。

有些项目可能涉及个人工作和团队合作的结合，或出于各种目的需要更换团队。例如，你可以把项目的任务切割，让不同的学生通过研究特定的主题或学习特定的技能成为“专家”，然后各自回到项目团队，运用他们所学到的东西。

PBL老师如何组建学生团队是另一个评判标准。许多老师喜欢在项目开始前组建团队，并向学生宣布。另外一些老师喜欢给学生一些发言权和选择权。表5.2显示了各种方法的利弊。

表5.2 组建团队的各种方法的利与弊

组建团队的方法	优点	缺点
老师分配	• 节省时间 • 减少分歧和争执 • 允许老师为学生的成长和最大的效率平衡团队 • 很真实：大多数真实世界的团队不能自己选择	• 一些学生可能对他们的团队感到不满 • 学生可能会失去主人翁意识和认同感 • 学生没有机会学习如何明智地选择队友
老师在听取学生意见的情况下分配	• 尽量减少分歧和争执 • 仍然允许老师为学生的成长和最大的效率而平衡团队 • 学生有一定的主人翁意识和认同感 • 学生有一些机会学习如何明智地选择队友	• 需要老师花费更多的时间 • 要尊重所有学生的喜好很困难 • 一些学生可能仍然对他们的团队感到不满
学生自由组队，老师统筹	基本消除分歧 学生有主人翁意识和认同感 学生有机会学习如何明智地选择队友	• 如果需要教学生如何选择团队，可能需要更多时间 • 需要培养正确的课堂文化，以防止出现小团体和边缘化学生的问题 • 可能存在分歧和争执 • 年幼的学生不适用此方法 • 学生组队时可能没有考虑团队需要的能力

无论选择哪种团队组建方式，我们都不建议你随意选择。相反，你需要建立分配团队的标准。该标准可能包括领导能力、学术技能、个性、语言能力、性别、艺术技能和技术技能。你还需要考虑项目的性质。例如，一个涉及戏剧表演的项目需要的学生团队不同于构建建筑模型的项目的学生团队。最好的项目团队通常由不同类型的学生组成。这种团队具备不同的优势，也让所有学生都能获得与不同人合作的宝贵经验。

如果要做出有关团队合作的决定，尤其是在对学生还不熟悉的情况下，你需要了解他们的兴趣、技能或特殊需求。年幼的学生可能无法用这些术语描述自己，所以你需要自己观察和利用其他数据。对于年长的学生，给他们布置一个调查或简短的写作作业，或进行课堂讨论。

项目团队的规模可能会各不相同。四人小组通常是分担工作量的最佳选择，也能优化团队效率。根据作品和任务的不同，有些项目可能需要一个五人团队。但如果团队成员超过五人，可能会产生问题。此时就不太容易召开团队会议，或者就项目任务进行沟通。一些学生可能没有足够的时间，团队也容易分裂成更小的队伍。如果要做一个复杂的项目，而团队成员只有两三人，那么就碰撞想法和分担任务方面可能也不太容易。班级规模也是一个考虑因素。如果你有34名学生结对工作，那你就要管理17个团队、17个作品和17份报告！

帮助学生团队开展工作

你需要做的第一件事是回答“我的学生在开始工作前需要进行团队建设活动吗？”这一问题。答案通常是肯定的，但其程度和性质取决于你的学生以前的PBL经验和你们的课堂文化。你可以做一些有趣的活动，比如用意大利面条和棉花糖搭成塔、进行寻宝游戏，或者玩某种低风险的游戏。你可以让学生想出一个队名、口号或符号。你也可以利用这些活动来教授与有效合作、沟通、批判性思维或解决问题相关的课程。

在头一两次团队会议上，让学生关注他们项目工作的过程。他们应该专注以下任务：

- 展示自己可以为团队带来的优势。
- 一致的意见意味着良好的合作。这可以由每个团队完成，也可以通过全班讨论来完成。让学生了解合作的评分标准或自己制定标准。
- 写一份团队合同，让团队成员更具责任感。
- 如果你或学生团队设定了团队角色，现在请分配角色。
- 交换联系方式，就保持联络的方式达成一致意见。
- 列出项目任务清单，并计划如何完成这些任务。使用团队任务日志或其他计划工具，列出任务内容、任务负责人以及完成时间。

使用项目日志记录信息

不是所有的PBL老师都使用项目日记或日志，但这是一个有用的工具。该工具的基本思路就是记录学生个人或团队所做的事情、所学到的东西、出现的新问题，以及其他反思。学生可以在日记中记录他们对时间的利用，对项目的思考，以及对驱动问题的不断改进的答案。他们可以描述自己如何解决问题，如何使用批判性思维、创造力、协作技能和其他能力。这些信息可用于形成性评价和总结性评价。

管理第2阶段

第2阶段（掌握知识、形成理解和掌握技能）一般持续几天到几周，这取决于项目的情况。请注意，当学生将他们所学的知识应用于项目任务时，他们可能会在这个阶段和下一个阶段之间来回进行。学生们可能会意识到（或者被引导去意识到）他们需要回到上个阶段去获取更多的信息、更好的技能，或者更深的理解。请记住，并不是所有的学生或团队都会处于项目的同一阶段。一些人已经准备好继续前进，而另一些人则需要回到之前的阶段。

在这个阶段，PBL老师的主要工作有两个方面：（1）帮助学生通过尽可能独立地寻找和使用资源来回答他们的问题；（2）在需要的时候为他们提供辅助支架，包括直接指导。监督学生团队的工作在这一阶段开始，将贯穿整个项目。在此过程中PBL老师需要指导学生或在必要时进行干预。

引导学生探究

你对学生探究过程的指导程度也取决于他们的年龄和对PBL的经验。对于年龄较大和非常有经验的学生来说，老师可能只需要监控这个过程，并在必要时提供反馈或指导。对于年龄较小和经验不足的学生，老师应更多地指导这一过程，提供辅助支架，并示范批判性思考和解决问题的意义。老师可以使用以下方法为探究过程提供综合的支持：

- 关于如何寻找和评价信息来源的课程
- 阅读其他文本
- 研究日志和笔记指南
- 读者研讨会、文学圈和其他文本讨论，将它们与学生的问题

联系起来

- 组织学生分享信息、比较笔记、讨论他们所学的东西以及如何将其应用于项目中

用好问题清单

在探究过程中，积极使用学生生成的问题清单很重要。在启动了一个带有引入活动和驱动问题的项目后，不要简单地把学生产生的问题清单贴在教室的墙上，你和学生应该决定用何种方式为他们的问题寻找答案。例如，可以将清单分给学生小组或分给关注不同内容的专家小组。有些问题可以通过学生的研究来找到答案，而其他问题则可以通过老师提供的课程来回答。

经常重新审视学生问题清单。当问题得到答案时，就把它们划掉。随着学生对项目的深入研究，以及对主题和任务有了更多的了解，可以在列表中加入更多的问题。在项目接近尾声时，重新审视这个清单，确保学生已经获得了成功完成任务和回答驱动问题所需的东西。

为学生的学习提供支架

在项目中，老师可以通过多种形式为学生的学习提供支架。显而易见，黄金标准PBL并不是简单地放手，让学生做一切事情，它也为老师准备的课程和材料提供充足的空间。

我们推荐从项目的主要作品出发，来规划提供辅助支架的过程（有些人称之为“逆向计划”）。在设计项目时，你要确保最终的作品能证明学生已经学会了标准和为项目设定的其他目标。现在是时候拆开这些作品，确定完成这些作品到底需要哪些知识、理解和技能。

表5.3中的例子是一个五年级的项目，涉及学生诊断病人的场景。下面是这个项目的老师构建学生学习指南的方法。

1. 在左边第一栏中，她列出了基于共同核心标准的“主要学习目标”的最终作品。

2. 在第二栏中，她具体说明了完成该作品所需的学习成果/目标。

3. 在第三栏中，她列出了检查点/形成性评价（我们在本章后面会详细介绍评价）。

4. 在右边一栏中，她列出了教学策略。这些策略包括老师提供的课程和资源，与外部专家的联系以及活动等。此外，她还计划通过差异化教学满足所有学生需求。

我们发现，PBL中的互动指导和支架最好以合适的方式提供。老师可能会想为学生提供大量的支持，但PBL的一个关键特征是，它在学生中创造了一个真实的“求知欲”。当学生看到学习的直接目的时，他们会有更多的动力去关注和收藏信息。如果一个项目从一系列的讲座和课本作业开始，就不会让学生感到有即时的需求被满足。学生会觉得，老师在告诉他们“你以后需要知道这个”。换句话说，如果学生在独立调查之前被迫等待太久，PBL的吸引力就会大打折扣。

尽管老师在设计和规划项目时可以创建书面支架，但他们也需要与学生接触，并对学生何时需要、准备接受支持做出判断。理想情况下，在学生发现问题并提出需要时，老师能立即出现。老师可以向学生强调完成项目需要哪些东西，而不是指出学生哪些东西他们还不会。例如，老师可以指出学生的“我们需要知道什么？”清单上的一个新问题，说：“今天我将给你们一些材料，可以帮助回答这个问题。”年龄较小的学生可能不知道何时或如何要求支持，但他们仍然应该有这样的感觉：老师正在回应他们对项目的需求，而不仅仅是教一些直接目的不明显的东西。

你的项目日程表应该灵活，因为项目并不是完全可以预测的。学生可能会提出你没有预料到的问题。他们可能会想要寻找一个新的主题方向，而你也觉得这样很有成效。所以会出现其他需求，需要你当下提供支持。

监督和指导学生团队

这项任务从第二阶段开始，但会贯穿后续整个项目。

在项目小组成立并开始工作后，你需要建立小组内部之间，以及小组与你之间的检查程序。同样，如果学生年龄较大，对PBL有经验，他们可能需要较少的监督，但你仍应指导他们监督自己的学习。

在第一次团队会议上，你应该要求学生遵守有效合作的规范，可以创建并签署一份团队合同。对学生来说，阅读或写一份合作评分标准也很有用。然后，在未来的团队会议上，你可以要求他们重新审视他们之前认可的规范和协议。在整个项目中设置定期检查点，可以要求学生在他们每天或每周的项目日志单上写下总结和反思要点。

当然，另一个管理策略是在教室周围走动，倾听和观察团队的工作情况。定期与每个团队交流，仔细观察。通过做笔记或使用基于你的合作评分标准的检查表来收集数据。

如果学生年龄够大，他们应该尽可能地自己管理自己的团队，或者在老师的指导下管理团队。他们可以使用收集的数据来发现问题。你需要对那些无法自己解决困难的团队进行干预。建议他们如何思考问题，（如果有必要）向他们提供处理问题的可能方法，但只有在不得已的情况下再为他们做决定。

表5.3　项目设计学生学习指南（样本）

项目设计：学生学习指南			
项目：医学实习生			
驱动问题：作为医学实习生，我们如何为病人推荐最佳治疗方案？			
最终作品：演示、表演、作品/服务	学习成果/目标：学生成功完成作品所需的知识和必须掌握的能力	检查点/形成性评价：检查学生的学习情况，确保学生的学习进度	针对所有学习者的教学策略：由老师、其他教学工作人员和专家提供，包括支架、材料、与学习成果相一致的课程和形成性评价。
医学报告（个人）：我可以利用几个信息来源开展简短的研究项目，诊断并治疗病人	我可以识别循环系统的各个部分。	1. 资源摘要 2. 课后总结 3. 实验笔记/科学日记 4. 小测验	1. 老师规定的总结写作/笔记模式 2. 关于循环的科学实验 3. 采访医学博士 4. 教科书课程，视频
	我可以写一份报告，告知病人他/她的诊断。	1. 报告大纲 2. 思考性的日记写作 3. 报告草稿（同行/老师反馈） 4. 讨论会	1. 检查示范性论文，确定行文结构和老师要求 2. 与医学博士访谈 3. 作家研讨会，同伴评议的鱼缸会议（鱼缸会议是一种组织会议的方式。不同的群体本着合作的精神，一起分享各自的观点和资讯。） 4. 审查探究性问题和讨论会的示范模型

（续表）

	我可以用事实、细节和引文等证据来解释我的诊断。	1. 资源总结 2. 报告草稿（同行/老师反馈） 3. 老师会议	1. 老师规定的总结写作/笔记模式 2. 作家研讨会（针对有天赋/有困难的学生进行区分）
	我可以总结或转述我研究中的信息。	1. 资源摘要 2. 快速评价 3. 小结上的总结性结论	1. 老师规定的总结写作/笔记模式 2. 作家研讨会（针对有天赋/有困难的学生进行区分） 3. 小组进行总结能力的活动（与英语学习者）
诊断报告（团队） 我可以用富含逻辑的方式报告一个主题，用细节来支持我的想法	我可以使用视觉辅助工具来加强我的演讲内容和信息。 我可以准确、清晰地回答听众的问题。	1. 视觉辅助演讲草稿（同行/老师反馈） 2. 鱼缸会议 3. 讨论会	1. 检查示范使用的视觉辅助工作；观看学生使用视觉教具的演示视频 2. 有伙伴练习的提问技巧课 3. 与医学博士进行访谈 4. 审查探究性问题和讨论会的示范模型
	我可以评价关于我的主题的多个来源，并将有效的来源整合到我的报告和预测中，以便对主题进行知识性发言。	1. 资源摘要 2. 报告大纲 3. 讨论会 4. 实践报告（同行/老师反馈）	1. 在互联网上搜索关于有效来源的课程 2. 小组互助 3. 在小组中调整证据和主张；检查示范性论文 4. 重新审视探究性问题和研讨会的示范模型

常见团队问题的解决方式

当学生以团队进行工作时，可以带来优秀的作品，但过程可能有些波折。请放心，随着学生对PBL的理解加深，很多表面的问题会逐渐消失。但在那之前，我们有一些关于如何处理最常见问题的建议：

- 团队成员不能很好地相处或作为一个团队行动。如果你在项目开始时没有做团队建设活动，现在暂停一下，做一些团建活动。如果你已经做过，就再增加一些。你需要尽早开始并经常讨论作为一个团队有效工作的意义。让学生参考团队评分标准或班级讨论过的其他标准。
- 成绩好的学生担心自己需要完成所有的工作，或者因为团队的工作而得到一个不好的成绩。让每个团队成员对完成一些项目工作负责。要确保你的评分系统主要或完全依赖于个人工作，而不是团队创造的作品。
- 一些团队成员没有做他们应完成的工作。找出原因，确认团队成员的任务分工是否恰当。提供辅导和支架，如他们可以使用的程序或表格。确定所有成员都知道他们应该完成的任务。指导团队明确沟通任务和最后期限。确认团队是否有一个或更多的成员感到被冷落。指导团队互相交流，找到每个人都能作出贡献的方法。

一般来说，让学生团队尝试自己解决问题，如果遇到阻碍，再向老师寻求支持。提醒他们经常诚实地沟通，防止问题扩大。

管理第3阶段

第3阶段，创造、评论和修改作品，这是一个项目的核心。它可以持续几天到几周，取决于项目的情况。与第2阶段一样，这一阶段也不是完全独立的。如果学生认为他们需要修改他们的作品并获得更多的知识、理解和技能，他们经常在这个阶段和前一个阶段之间来回往复。在这个阶段，往往需要更多的时间，因为学生要创造和重新制作作品，完善他们对驱动问题的回答，并准备公开展示他们的作品。

提供形成性评价

我们之前对黄金标准PBL的描述指出，形成性评价是提高学生成绩的最有力的方法之一。它是PBL的核心和关键。在一个项目中，学生不仅要学习必要的知识和技能，而且要创造高质量的作品。他们还必须学习如何批判性地思考、解决问题，并与其他学生合作。为了做好这一切，学生需要得到反馈，并有机会改善他们的表现和修改他们的作品。

让我们仔细看看老师为表5.3中描述的医学实习生项目计划的检查点和形成性评价。评价规划过程从项目的主要作品开始：一份书面的医疗报告和一个口头报告。这些都是对知识和技能的总结性评价。（注：一些PBL老师也可能使用测试作为额外的总结性评价。）

表5.4显示了老师是如何解读学生成功撰写医学报告所需的知识和技能的：人体循环系统如何工作、如何撰写信息性文章，以及如何对研究进行总结。在右边一栏中，老师列出了用来确保学生学习进度的形成性评价。一旦确定了这些，就可以在项目日程表的检查点上打分。

表5.4 与学习成果/目标相关的形成性评价计划

学习成果/目标 学生成功完成作品所需的知识和必须掌握的能力	检查点/形成性评价 检查学生的学习情况，确保学生的学习进度
我可以识别循环系统的各个部分。	1. 资源摘要 2. 课后总结 3. 实验笔记/科学日记 4. 小测验
我可以写一份报告，告知病人他/她的诊断情况。	1. 报告大纲 2. 思考性的日记写作 3. 报告草稿（同行/老师反馈） 4. 讨论会
我可以用事实、细节和引文等证据来解释我的诊断。	1. 资源总结 2. 报告草稿（同行/老师反馈） 3. 老师会议
我可以总结或转述我研究中的信息。	1. 资源摘要 2. 快速评价 3. 小结上的总结性结论

在这个项目中，老师使用了各种形成性评价，其中大部分是传统教学实践中常见的。但让我们仔细看看在PBL中特别值得注意的形成性评价做法。

利用协议进行同伴评议

黄金标准设计的要素之一是批判和修改。这个过程使学生能够创造高质量的作品。当然，学生收到的一些反馈应该来自老师。在一些项目中，其他成年人会审查学生的工作，并对新出现的想法、粗略的草稿或原型进行评价。但在PBL项目中，让学生们互相评价对方的学习情况也很有价值，原因如下：

- 它帮助学生学习如何独立工作。
- 它减轻了老师的一些负担。
- 它通过帮助学生内化高质量项目的标准来达到教学目的。
- 它促进了批判性思维、合作和交流技能。

有效的同伴评议需要使用规范和协议。没有这些规范和协议，学生就会迷失方向，批评也就无从谈起。探险学习（Expeditionary Learning）的首席学习官罗恩·伯杰（Ron Berger）提供了一套简单的同伴评议的规范，即要有帮助，要具体，要亲切。

你可以使用许多潜在的协议来进行同伴评议。表5.3中列出了一个例子，即“讨论会”。在这个起源于建筑学领域的协议中，学生们组成一对或三对，轮流分享他们正在进行的任务或想法。在分享过程中，他们可能提出一两个需要他人帮助思考的问题，然后同伴们提供反馈。

除了规范之外，有效协议有两个关键：（1）结构化的过程，每个步骤都有时间框架；（2）评价所依据的标准，通常体现在特定作品的评分标准或检查表上。例如，“评价性朋友”协议通常由一名主持人主持，他负责计时并提醒参与者注意过程和规范。而在“画廊漫步”，因为每个人都知道过程，通常不需要一个主持人，因为它没有各种步骤和准确的时间要求。

评价成功技能

无论是在PBL还是其他教学方法中，老师都要知道如何评价学生所掌握的知识，例如，在前面描述的医学实习生项目中，学生的科学知识是通过课后的小结、实验笔记、小测验以及书面报告的大纲和最后作品来评价的。传统的评价工具无疑在PBL中占有一席之地。

然而，对老师来说，评价批判性思维这样的能力可能是陌生且复杂的。解决问题、协作和自我管理也是如此，这些都是我们在第二章讨论过的其他成功技能。我们在这里给出一些提示和指南，帮助老师评价项目中的成功技能。

- 使用评分标准或其他指标来阐明技能，并以此来指导学生的评价和反思。
- 使用自我报告、同伴报告和老师观察相结合的方式来收集评价数据。例如，要求学生报告他们个人的学习情况，并告诉你他们的团队作为一个整体的运作情况如何。将这些数据与你自己的观察进行比较，以做出准确的判断。
- 学生在他们的项目日记中记录，或者直接告诉你（如果他们非常年幼），他们是如何学习技能的。
- 要求学生在报告中，以及在项目结束时展示自己在技能方面的进步。
- 请记住，评价的目的是为了指导改进，而不是指定一个等级或分数。是否给学生的成功技能打分是每个老师需要做出的决定。

评价创造力

老师是否应该评价创造力很有争议。如果你对评价创造力本身感到不自在，那就关注学生遵循创新过程的程度。评价的目的主要是指导学生改进，而不是得到一个具体的分数，所以你不必给学生打分，表示“他们有多大的创造力”。教师应该就项目任务给出评价和反馈，而不是去评价学生个人。

管理第4阶段

第4阶段，展示作品，这是项目的大结局。这通常是一个非常繁忙的时刻，因为学生们要打磨他们的作品并将其公之于众。结束时，你和学生还需要时间回顾和思考所取得的成就。

要注意的是，项目的最后阶段可能是决定性的时刻。你需要仔细计划这个阶段，因为你会发现项目可能看起来进展顺利，但学生没有创造出高质量的作品或没有达到关键的学习目标。大多数项目仍然需要最后一刻的准备工作以及出现赶在最后期限前完成的情况，管理好这一阶段将避免灾难性的场面。

PBL中的评分

对大多数老师来说，评分是一个敏感的话题。PBL的评分可能看起来很复杂，因为它涉及多种作品和多种标准，而且有些工作是在团队中完成的。我们不会如此大胆地给出PBL评分的“万能钥匙”，但仍然有一些建议。

- 对项目使用与“常规”作业相同的评分系统。
- 不要给整个项目打一个分数。这样做会掩盖学生在特定领域的优势和劣势。应该给每项作业或产品指定一个等级或分数。

- 考虑不给团队创造的最终作品打分。这样做可能会引起公平性问题。你可以只给个人任务完成情况打分。

演讲和展览

学生可以根据项目的性质，以各种方式公开他们的作品。他们可以向现场观众或网上的观众做正式展示。他们可以在网上发布他们的作品，或向读者分发书面作品。

正如我们之前所说，一些使用PBL的学校为家长和社区举办展览——通常在放学后。这些活动可以与其他活动结合起来，如春季开放日或节日聚会，也可以是专门展示学生作品的独立活动。公开展览可以帮助家长和社区了解PBL，并建立公众对它的支持。

以下是一些关于学生演讲项目的建议：

- 在你的项目日程表上留出足够的时间让学生计划和练习他们的演讲。让学生向其他团队展示，并互相给予反馈，或者考虑将练习的演讲录制成视频，让学生团队自己观看并进行点评。
- 如有必要，传授学生公开演讲的技巧并帮助他们组织演讲。
- 让学生参与活动的规划。
- 要确保后勤工作全部就绪，包括时间、地点、设备、人员和所需材料。

- 提前邀请观众。如果你计划让观众评价学生表现，或对项目提供反馈，那么就要决定他们是否需要提前准备或者需要你提供解释性材料。
- 让学生在他们将要演讲的地方进行彩排，准备好所有的设施、材料、适当的服装和其他元素。
- 如果演讲涉及技术，请在演讲当天做一次正式的技术检查，并准备好技术支援。

评价、反思和庆祝

大功告成之后，在你的项目日程表上留出一两天的时间来反思你和学生所经历的事情。在进入下一个单元或项目之前，有必要停下来思考和巩固学习。以下是一些可以考虑的建议：

- 从汇报项目开始。讨论每个阶段都发生了什么，记下成功与失败、有效与无效的方法、出现挑战和应对的方式。记录学生对改进这个项目或改进下一个项目的建议。
- 最后看一下学生产生的问题清单和项目的驱动问题。问问学生，问题都得到回答了吗？有些问题是否不重要或不相关？我们是否对驱动问题得出了满意的答案？我们对这个问题的思考是如何进行的？我们的最终作品是高质量的吗？我们对问题的解决方案是最佳的吗？哪些问题仍然存在，或者出现了哪些新的问题？
- 要求学生评价自己的表现。让他们回顾自己的项目日记或日志。如果你也有项目日志的话，写下或讨论他们在理解内容和使用成功技能方面的成长。让学生团队使用评分表，对他们的合作情况进行最终评价。要求学生报告他们是如何使用批判性思维解决问题和展示自我管理技能的。

- 要求学生指出自己进步的领域。让他们回顾并回答一些问题，如：我学到了什么？我还想学什么？我可以改进什么？在下一个项目中，我想以不同的方式做什么？我如何将我所获得的东西应用于未来的情况？
- 重新教授或加强学生可能没有完全掌握的关键理解或概念。在项目的最后阶段，在学生的演讲和最终产品中，或者在回顾项目时，你可能已经注意到学生在理解知识方面的一些差距。现在是一个很好的时机，在他们准备好听课的时候，（简单地）复习一下重要的材料。
- 庆祝成功。在演讲日或展览上为学生和客人举办招待会。在教室里，举行一个仪式、活动或聚会。要求学生在海报上记录对项目的想法，制作剪贴簿等。

教学工具的使用

在将技术引入课堂的早期，项目通常被设计为介绍特定的工具或应用程序。许多最早的数字项目只不过是甜点式的活动（如制作PowerPoint演示）。技术可能增加了新奇的元素，但它并不能保证让学生进行持续的探究。

时代已经改变。今天，互联网的学习者更倾向于在探究式学习过程中使用一系列数字工具来完成真实的任务，从研究到合作再到发布原创内容。黄金标准PBL并没有明确要求技术整合。然而，仔细观察模范项目，你很可能会发现在项目的整个过程中都需要有效使用数字工具。在某些情况下，技术为项目提供了动力，将学习者带到一个新的平台。让我们一起看看你和学生在PBL的不同阶段可能要纳入的技术工具的几个例子。

在第1阶段，当项目启动时，数字档案中引人注目的视频片段或照片可以点燃学生的好奇心。考虑使用原始资料库，如美国国会图书馆的美国记忆项目，或分享来自TED或TeacherTube（一个类似并基于YouTube的教育视频共享网站）的视频。特邀演讲者是引入活动的另一个选择。如果你不能安排面对面的访问，可以利用Skype in the Classroom（一个全球教育社区）进行线上会面。

在第2阶段，当学生正在建立理解和背景知识时，老师通过策划内容为他们的学习提供支架。使用Newsela（一个聚合类阅读平台，包括大多数主流媒体的新闻内容，专为学生而设计）可以调整当前的新闻故事以适应不同的阅读水平。使用Pearltrees（一个个性化网页收藏管理工具）可以组织和分享在线资源。

学生可能想进行调查或投票，来收集数据，帮助他们回答驱动问题。他们可以使用的工具包括Poll Everywhere（一个在线投票系统），以及SurveyMonkey（一个在线调查系统）。博客为学生提供了一个平台，让他们在整个项目中反映自己的学习情况，也可以互相评论对方的文章。

在第3阶段，当学生正在开发和评论作品，寻找对驱动问题的答案时，他们需要用到协作工具。SketchUp是一个用于3D建模的在线工具。使用Skitch，用户可以标记（和分享）任何东西，从粗略的草图到屏幕截图、照片或地图。

在第4阶段，当学生准备与观众分享他们的学习成果时，他们可以从一系列工具中选择，创建原创内容，展示信息，并在线发布。这是一个鼓励学生发表意见和选择如何展示他们的作品或分享结果的机会。

为了使数据更容易理解，学生可以使用Lucidchart（一个在线流程图绘制平台）或FlowingData（一个可视化数据流分析网站）来制作信息图。使用Storybird（一个故事写作网站），即使是年幼的学生也能把图片变成一个故事。使用Screencast-O-Matic（一个多功能屏幕录制软件），学生可以将语音叙述与图像相结合。

在项目的整个过程中，你可以利用技术工具来协助项目管理。使用在线日历、班级网站、维基或LiveBinders（一个数字三环活页夹），使每个人都能了解重要的项目细节和重要的时间点。使用Trello（一款团队协作工具），帮助学生管理团队工作。

值得考虑的问题

当你考虑将哪些技术纳入PBL时，可以思考这些问题，指导你的计划：

- 你希望学生实现的关键学习目标是什么？首先要关注学习目标，而不是围绕最新的技术工具来计划项目。
- 你的学生能随时接触到技术吗？如果你的学校有一对一的笔记本电脑项目，或者采取了自带设备的政策，你可能会认为学生有平等的机会获得数字工具。但是，如果技术接入能力比较有限，或者一些学生的家里没有互联网接入，那么在将数字工具作为一个成功项目的要求时要谨慎。
- 你自己对技术的适应程度如何？如果你是数字时代学习的新手，考虑一下潜在的合作伙伴。你能与媒体专家、技术整合专家或有技术经验的教师同事合作进行PBL吗？（不要忽视网上与同事联系的机会。)还有谁可以帮助你和你的学生一起提高你的数字能力?

- 你是否能充分利用学生的数字技能?考虑对学生进行调查,了解他们在制作视频、编码、3D打印、数字游戏或在线出版方面的专长。让有相关能力和知识的学生作为同行专家参与进来。

从教室到学校,从学校到学区

通过PBL,个别老师可以对学生的生活产生重大影响。但是,想象一下,如果学校的每一位老师都在做PBL,那么PBL的力量会有多大?下一章将介绍一些为了让PBL最大限度地影响老师和学生,而将PBL作为学校和学区优先事项的学区。

第六章

如何在你的学校实施PBL

资深的PBL老师明智地选择以目标为起点。在设计项目时，他们会设定学习目标，并设想学生将如何证明自己已经达到这些目标。对于教育领导者来说，建立一个明确的愿景，对在学校或学区的课堂上使用PBL也同样重要。

在本章中，我们为那些正在考虑广泛开展PBL工作的领导者提供经过实践检验的策略。这些举措的最终目标可能有很大不同。一些领导希望看到PBL推广至全校乃至全学区，学生主要通过每个学科的项目来学习。这是一个雄心勃勃但具有挑战性的任务。老师的目标可能更现实，让学生在每学年中至少参加几次项目。出于战略考虑，一些领导选择将PBL（至少在一开始）集中在某些学科领域（如STEM），或在特定年级。

无论你的目标是每学年开展几次项目还是让项目变成日常学习，无论是在某个年级还是在整个学校推广该方法，要想得到持续性的发展，全面的领导和管理是必不可少的。

为什么在你的学校或学区采用PBL？

你为什么希望看到基于项目式学习在你的学校系统中扎根？学校当前的价值观和愿景如何与高质量PBL的核心（即以学生为中心的学习和专业合作）达成一致？PBL的成功实施将为学生、老师和社区带来什么？

如果你正在考虑转向PBL，那么这些大问题需要坦诚讨论。在评价学校系统是否为PBL做好准备时，使命、愿景和价值观的一致性至关重要。与管理团队合作设计PBL计划的巴克教育研究所实施总监詹妮弗·克鲁兹表示，这就是展开对话的起点。她说，无论该机构是一所学校、一个学区，还是一个更大的教育系统，开场白的问题都是一样的："是什么让你想要接触PBL？”

许多学校领导预计PBL将成为学校改革的催化剂。事实上，将基于项目式教学引入教育系统可能会在整个系统中荡起涟漪，影响从管理人员到学生的每个人。由于PBL涉及主动学习，学生在获得更大的发言权，并有更多机会形成自己的理解。教育工作者需要熟悉教学实践以支持学生探究。这可能意味着他们有更多时间用于专业发展，并有更多机会与同事合作。对于许多家长、学校董事会和其他社区利益相关者来说，PBL可能是一个陌生的领域。可以肯定的是，他们中的大多数人在年轻时都以更传统的方式“上学”，而且他们可能对自己没有亲身经历过的教学方法持怀疑态度。

准备迎接严峻的挑战

“如果老师和学生要体验高质量的PBL，必须创造支持条件，”詹妮弗·克鲁兹解释说，“这些条件延伸到整个系统，涉及老师发展、领导力发展和组织发展。这是每个人的事。”她补充道：“如果学校领导确实准备好向前迈进，他们需要在所有层面上全力以赴。”

在回答你的学校“为什么要进行PBL？”这一问题时，你可以通过在早期阶段让利益相关者参与讨论来形成变革的动力。BIE的系统合作教练克里斯·沃尔德福格尔鼓励与她合作的地区考虑这个问题：“推进PBL的决定是否得到了广泛认同？你可以与谁合作？”她提醒大家，如果PBL的愿景没有在利益相关者中得到广泛认同，那么实施工作将难以持续推进。

当评价你的学校对PBL的准备情况时，让利益相关者看到PBL在其他地方的进展可能会起到帮助作用。招募老师和教学领导团队加入考察，可以让他们建立对PBL的共同理解，同时也促使他们检查自己的教学信念和实践。例如，招募一个对PBL感兴趣的老师团队，请他们调查学校对PBL的研究进展，进行现场考察，并汇报他们的发现。他们的建议有助于推动接下来的实施，而他们的热情也为整个学校的PBL发展带来了希望。

当你为PBL制定一个适合当地情况的共同愿景时，考虑任何潜在的障碍。如果你在学校文化、日程安排、专业发展、评价或与社区的接触方面遇到障碍，你需要准备改变哪些内容？

在一个对PBL校长进行综合性访谈的研究项目中，BIE专业服务总监罗迪·邦丘伊总结说："若要PBL取得成功，需要长期的专业学习。这需要时间，才能发展成为一种有凝聚力的员工实践。"在鼓励共同学习的协议支持下，定期进行反思和对话可以帮助老师和学校领导在工作中理解PBL。邦丘伊也发现了教学行为"去私有化"的价值，比如让老师一起检查学生的作业，或者相互提供项目计划的评价性反馈。

校长埃里克·威廉姆斯说："如果你真的相信PBL有足够的价值，那么你作为领导者所做的一切都需要以促进这一举措为重点。"威廉姆斯校长曾指导一个有12,000名学生的学区进行了多年的PBL实施工作（关于这一举措的详细内容，请参见本章后面关于约克郡学校分部的案例研究）。

无论你是学校校长还是地区行政人员，在为PBL的成功打下基础时，你要考虑以下一些问题：

学区层级：

- 本学区的使命、愿景和战略计划是否反映了与PBL有关的目标？
- 本学区的学校董事会是否支持PBL作为一种必要的教学转变？
- 本学区的文化在多大程度上符合PBL原则，如共同决策、探究和真实评价？如何才能让学区文化更符合PBL原则？

- 作为一个教育领导者，你如何示范PBL实践，如合作、建立共识、解决问题和有效沟通？
- 你在实施PBL方面的学区目标、时间线和资源是什么？如何让其他人参与制定目标，并在全区范围内推广这些目标？
- 学区政策是否与PBL不一致，甚至相抵触？你是否准备重新思考关于日程安排、评分或老师评价的政策，以消除实施PBL的潜在障碍？

学校层级：

- 你将如何尊重现有学校文化的积极方面，支持老师的信念，在需要的时候同时引导变革，使其更好地与PBL实践相一致？
- 你将如何为老师创造时间来合作进行项目规划？
- 你将如何利用专业学习社区和同行主导的专业发展等资源来支持老师的持续性学习？
- 你是否鼓励老师使用支持PBL和“去私有化”课堂实践的协议（如评价性朋友、项目结束后的反思或共同检查学生的作业等）？
- 课堂观察评价是否侧重体现高质量PBL？
- 你将如何帮助学生和老师与社区专家和资源联系起来，以支持PBL工作？
- 你将如何在你的学校和更大的社区中分享PBL的成功经验？

PBL试点项目

作为一个衷心支持PBL的学校或学区领导人，你可能希望一开始就能在全系统内实施PBL，但请谨慎行事。太远、太快的行动可能导致失败。因为PBL对许多老师、学生、家长和学校领导来说是一个巨大的变化，所以明智的做法是从小范围开始，创造成功的案例、赢得支持、积累专业知识，并解决一些问题。

从小处着手的另一个原因是创造PBL实践的本地成功模式，可以展示该方法在你的环境中发挥的积极作用。当调查PBL在学校或社区的潜力时，一些人可能会看到该方法在其他地方的运用案例，然后说："我们这里不一样，我不确定它能行。"的确，人们可能会访问、阅读相关内容或看到有关PBL的视频，将这些使用PBL教学成功的案例当作特殊案例，并认为：PBL可以对"那些学生"起作用，但对"我们的学生"不起作用。

因此，我们建议在全面推广之前，先从试点PBL项目开始。例如，有些学区从一所学校开始。有些学校则从一个年级、部门或学院开始。这些典范为其他老师提供了观察和借鉴他们同事经历的机会。当采取这种方法时，要确保后续还要实行更全面的计划，这样PBL实践就不会被视为小部分尝试者的行动。所有人在一开始就该知道全部计划：在第一年，PBL在实验课堂展开；但在第二年，它将在我的课堂进行。

将PBL与其他倡议联系起来

老师和管理者经常担心基于项目式学习与课程和教学中的其他实践的兼容性。一个常见的刻板印象是，采用PBL意味着放弃所有以前的做法，因为这是在老师干预最小的情况下，学生独立学习。但是，正如我们在第二章解释的那样，这种认知是错误的。在我们的PBL模式中，老师在计划和提供教学方面发挥着非常积极的作用，如果他们愿意，甚至可以使用适当和有效的传统工具。

如果老师被要求在“响应干预”“理解设计”和“差异化教学”之外还要进行PBL相关的工作，或者在他们已经接受的大量专业培训之外还要做PBL，他们也会担心工作量太大。

事实上，项目为许多其他教学手段都提供了空间。将项目视为工具箱，老师可以将各种良好的教学工具放入其中。请参考这些例子：

- 响应干预（Response To Intervention，RTI）：项目足够灵活，可以进行有针对性的评价和干预的RTI计划。
- 差异化教学（Differentiated instruction）：当学生处理一个有多个可能答案或解决方案的问题时，当学生对他们的工作方式和创造的作品有发言权和选择权时，项目提供了自然的差异化教学。项目还涉及各种任务，从而满足不同学习风格的学生的需求。当学生在项目中以团队形式工作时，老师可以更好地监测个人和团队的需求，并提供差异化的支持。
- 教学框架（Framework for Teaching）：由于该框架以建构主义的教学观为基础，其“教学责任的四个领域”与PBL

非常一致。

- 通过设计理解（Understanding by Design, UbD）：UbD强调教学的深度理解和转化、基于表现的评价，以及围绕基本问题和大概念建立课程——这也是PBL的标志。项目可以成为提供基于UbD原则的教学的载体。
- 研讨会模式（The Workshop Model）：在项目中，老师可以使用读者或作家工作坊的典型组成部分来建立学生的基础知识和技能培养：微型课程形成性评价回报等。

案例研究：约克郡学校的转型愿景

在领导弗吉尼亚州约克郡学校分部的早期，当时的校长埃里克·威廉姆斯邀请校长、老师领袖和社区中的其他人，为学校的12,000名学生塑造一个学习愿景。经过一起翻阅材料、研究和讨论之后，他们构想了一个雄心勃勃的目标，校长称之为“变革性学习”——让学生在学习课程内容和能力的同时，有机会在当地、全美或全球范围内有所作为。

为了做到这一点，他们寻找提高学生参与度的策略，致力于培养学生成功所需的一系列扩展能力。学术的严谨性当然很重要，尤其是在一个以高绩点学校为荣的学区。强调真实的学习也很重要，他们认为这是一种“引导孩子们自己学习”的策略。威廉姆斯还补充说：“我们引进了许多帮助学生体验学习乐趣的活动。”

最终，学区利益相关者就有助于他们实现愿景的核心教学策略达成共识。他说："PBL成为我们为学生提供这些变革性学习机会的手段。"他们还认识到，在全区范围内推广PBL是一个漫长的过程。

随着PBL工作的起步，威廉姆斯努力在学区内寻找基于项目式教学方法的早期采用者。他使用社交媒体（包括博客和Twitter），将焦点放在高质量项目的例子上。

例如，三年级学生正在解决一个全球相关的问题：我们如何改善发展中国家村庄的土壤质量？学生们必须决定是否将慈善捐款投资于肥料或堆肥以改善土壤质量。在调查期间，他们通过Skype与专家进行了交谈，并设计了实验来比较这两种方法。然后，他们在证据的支持下提出论点，说服捐助者加入慈善组织。"老师们发现孩子们的参与度要高得多，标准化测试的结果也支持这一发现，"威廉姆斯说，"一个真实的问题让学生更多地参与学习。"在一个中学班级中，学监发现学生们制作图书预告片并将其发布到YouTube上，邀请同龄人阅读。拥有真实的观众和目标会激励他们制作高质量的作品。与此同时，高中生参与了一项雄心勃勃的环境科学项目，旨在改善切萨皮克湾的水质并恢复牡蛎养殖场。

"这些内容丰富的项目都会提高学生的参与度。"威廉姆斯补充道，"而且，老师的参与度也同样提高了。事实证明，PBL为课堂带来了令人难以置信的活力。"

事后看来，威廉姆斯可以看到分享PBL成功的例子如何帮助他所在的学区获得支持，减轻人们的顾虑。"当一个项目发生在你自己的学校或学区时，没有人会说，'是的，但我们不能在这里这样做，因为……'这是我们的学校、我们的学区、我们的同事。让人们了解我们正在进行的工作能带来强大的能量，让一些人看到成功的可能性。"

在撰写本书时，约克郡与BIE合作开展的多年PBL实施工作已进行到一半，其中包括全面的专业发展和教学辅导，帮助老师在项目上有一个好的开始。该地区正在培养老师的领导能力，他们将长期推进PBL相关的工作。威廉姆斯能够确定以下关键战略，这些战略正在继续为整个学校系统的PBL建立良好势头：

奠定基础。甚至在约克郡开始实施PBL计划之前，整个学区的教育工作者就在建立一种合作文化，体验协同领导。例如，老师们一起工作，制定高质量的评价方式。老师合作设计了绩效任务样本和评分标准，一起分析学生的学习任务样本。他们还经常使用由美国国家学校改革学院制定的同事对话协议。

“早期的工作对奠定PBL的基础很有帮助，”威廉姆斯说，“甚至在我们开始PBL工作之前，我们已经改变了专业学习模式。例如，本区不再依赖外部人员进行专业发展，而是越来越多地向自己的员工寻求专业知识支持。这有助于建立内部领导力。一旦我们开始进行PBL工作，我们的文化和能力都会得到快速的发展。”

建立老师所有权。如果目标是尽快实施PBL，学区可以采取自上而下的方法。威廉姆斯说：“我们本可以招募一些最优秀的老师，付费让他们在夏天制订优秀的项目计划。”但是相反，约克郡允许大家随时提出对项目的想法，同时老师们通过亲自实践的方式来加深他们对PBL的理解。他预计最初的推广工作需要三年时间。“这是一个需要耐心的过程，更加强调老师的自主性。”这位校长说。

威廉姆斯的最终目标是希望各年级的学生在一年中至少有一部分时间参加各学科的项目。他们正在建立一个高质量、经过课堂测试的项目资源库，可由老师借用、定制和修改。“这种方法给予老师自主权，让他们自己去做，同时也建立共同的期望。我们都要建立共同的期望，”威廉姆斯说，“但我们仍然给予老师发言权和选择权。”此外，学校级别的领导对他们学校如何实施PBL也有发言权。一些学校决定从某个年级或某个科目的团队开始，另一些学校则决定全校参与。

分享成功的经验。随着PBL开始在约克郡推广开来，该区已经培养了一种分享的文化。威廉姆斯说：“我们从老师进行画廊漫步、展示学生作品以及与同龄人进行对话开始。这可以推广我们的实践，在老师之间培养领导文化。现在PBL越来越普遍，我们已经开始展示项目作品，学生们可以与公众分享他们的成果。”

展览为家长和其他社区利益相关者提供了了解PBL的机会。为了更深入地了解，学校董事会成员和一些家长领袖参加了PBL研讨会。校长说：“我们一起研究了学生的工作，钻研变革性学习的概念。”一个家长组织通过提供小额贷款来资助项目资源和与PBL相关的实地考察，表示他们对PBL的支持。分享项目也有助于将PBL工作扩展到教室之外。家长和其他社区成员作为专家、听众和合作者，正在大力支持项目的发展。“这些联系都提高了学生的参与度，”威廉姆斯说，“也有助于获得社区的支持。”

保持耐心。威廉姆斯相信，缓慢、稳定、基层的变革是该区的正确选择。尽管如此，他承认，“保持耐心不是件容易的事情”。如果PBL推出的合理时间框架需要几年，那么这意味着一些学生一直到毕业都没有机会体验变革性学习。

此外，学校领导还需要保持对手头工作的明确关注。威廉姆斯说：“如果你相信使用PBL来实现你的教学愿景会带来巨大的回报，那么你就需要全力以赴。这可能意味着放弃追求其他可能带来好处的战略或者其他不错的想法。”他补充道：“如果你真的想要施行其他计划，你需要展示这些计划与PBL有何联系。”例如，当约克郡采用了一种新的识字模式时，威廉姆斯谨慎地强调了语言艺术的方法与PBL的相符之处，采用这种方法不会改变PBL的大方向。

威廉姆斯预测，这种缓慢而稳定的方法将最终让PBL获得全面的支持，从而使教学策略能够长期持续推进。他说："我们现在已经做好了充分的准备，有足够多的老师表示自己相信PBL的力量，并会继续坚持下去。"在2014-2015学年，威廉姆斯作为劳顿县（弗吉尼亚州）学校分部的主管，继续迎接新的挑战，为70,000名学生提供服务。他会在那里引入PBL吗？现在说还为时过早。"我们需要与利益相关者进行对话，"他说，"讨论如何更好地让学生参与深度、有意义的学习。"

为项目式学习课堂创造空间

尽管学校领导在塑造PBL愿景方面发挥着关键作用，但老师才是那个在课堂上实现这一愿景的人。对许多老师来说，向PBL的转变包括学习新的教学策略，以及与同事合作的新方式，也许还包括与专家和其他社区成员合作。

作为学校或学区的领导，你将如何支持、鼓励老师完成具有挑战性的变革？你将如何尊重老师现有的信念，同时鼓励他们考虑与学生相处的新方式？你将如何承担风险？你将如何示范你希望看到学生和老师发展的思维和行为方式，比如你如何在会议上使用驱动问题和产生"求知欲"的问题，并使用评价和修改的协议来改进计划、政策或活动？

老师希望从PBL领导者那里得到什么

现在我们做一个发人深省的练习，从老师的角度考虑学校领导。如果你的教职工正在进行PBL计划，老师希望如何得到校长、主管和其他管理人员的支持和鼓励？领导者将如何指导老师改进PBL实践？他们将如何为合作创造时间并建立公开透明的文化？

洛杉矶联合学区的一个老师团队最近有机会思考他们希望学校领导具备的素质，指导教学实践的变革。为了扩大洛杉矶中南部的教育选择，他们与社区成员合作开展了一个试点项目，设计了一所专注于数字游戏和设计的新职业学院。这所小型高中于2012年开学，与奥古斯都·霍金斯社区行动学校的另外两所职业学院共享一个校园。三个学院的总入学人数将达到1500人。

“我们希望学校的核心价值是以学生为中心的学习。”霍金斯设计和游戏学校的创始老师马克·戈麦斯（Mark Gomez）解释道。这使他们将PBL作为一种关键的教学策略。在早期，他们发现了教师专业能力培养的必要性，“这能帮助老师了解PBL是什么，不是什么”。

在学校开办过程中，学校指派老师作为面试官，请他们来面试校长候选人。他们心目中有一个管理者——他将赋予老师权力，合作实现PBL愿景。他们知道，一个能够建立伙伴关系的领导者对学校成功至关重要。当他们思考成为一名优秀的PBL领导者的标准时，也就知道了这位领导者必备的品质。正如戈麦斯所解释的：“我们意识到，我们需要一位能够推动创新的领导者，我们需要一个能够与社区、学生家长互动的人，我们需要一个能支持我们的领导者。”

尽管这所学校还很新，但它在项目和合作伙伴关系方面都取得了不错的进展。学校开展了许多项目，给社区留下了深刻的印象。（参见附录中的“重塑中南部”项目。）戈麦斯说：“我们的PBL实践中有许多高光时刻，远远超出了传统项目的能力水平。”教职工与行政部门之间的沟通渠道已经打开。他说：“这是一个非常扁平化的结构（这为小型学校环境中的共同领导搭建了平台），到目前为止，一切进展都还不错。”

领导者如何为PBL的实施铺平道路

领导者可以通过建立协作文化、预测挑战和消除潜在障碍，为更顺利地实施PBL铺平道路。一位主管人员建议从PBL的视角来思考每一个决定。该建议适用于重大问题，例如评分政策，以及日常考虑因素，例如批准哪些实地考察请求。

更重要的是，领导者作为PBL的“啦啦队”发挥着重要作用。一所优秀学校的老师就是这样描述他们的校长的：无论项目进行何时，校长都是教室的常客。他参加项目展览并为学生创造机会与社区团体分享PBL经历。他的热情溢于言表，而且具有感染力。

当你开始推进PBL时，可以思考如何利用以下策略在变革过程中支持老师：

1. **分担领导责任。**协作是有效PBL的关键组成部分，与帮助PBL扎根的领导实践同样重要。建立这一文化有助于推进和推广PBL，赢得支持者，深化领导变革的深层能力。正如学生通常需要学习如何在团队中有效工作一样，成年人也可以从专业的学习经验中受益，提高他们的合作能力。

BIE的系统合作教练克里斯·沃尔德福格尔建议，无论是校级领导人还是学区领导人，都需要加入团队，一起推进PBL。光靠一个人，无法有效地推进该倡议。在与学校的合作中，沃尔德福格尔看到了当领导者授权并支持PBL工作组时，能达到的PBL最佳结果。“你需要考虑领导团队都有哪些成员，他们带来了什么资源，你将如何利用这些资源等问题。”

沃尔德福格尔鼓励领导者在与团队成员分担责任方面要有策略和方法。“你不只是下达一个决定，而是帮助团队一起做出更好的决定。这意味着使用一种需要集思广益的决策模式，”她说，“你还要提供必要的支持，让他们能够在共同领导的范式下向前迈进。”

PBL团队究竟如何合作，在不同的系统中会有很大的区别。然而，在不同的背景下，都需要一个明确的目的作为良好的出发点。沃尔德福格尔表示：“没有目的，你的团队即使每周都要开会，也不会完成有意义的工作。”PBL的优点在于它从一开始就给团队一个真实的目标，即团队将如何推动PBL计划的发展。正如一个好的驱动问题为参与项目式学习的学生带来学习重点一样，领导团队的明确目的使他们能够推进PBL议程，并利用他们的共同智慧来解决障碍。

2. **为持续的专业能力发展提供时间。**学习如何设计、管理和评价黄金标准项目需要时间。老师的专业发展需求不会因为他们参加了一个介绍性的研讨会而得到满足。完成一个项目计划（即使是一个经过精心设计的项目计划，也要考虑到基本项目设计要素）只是一个开始。一旦学生参与进来，老师就会发现自己要学习更多有效的教学策略。

以PBL为核心策略的学校，会拿出时间来进行与课堂紧密相连的持续专业发展。在诸如圣地亚哥的特许高中或美国各地的新技术网络学校，老师与他们的同事定期安排时间参加项目设计改进和汇报。在教职工会议上，他们长期探讨对学生有益的评价方式，比如一起检查学生的工作。教学领导小组也经常参加这些集体讨论。此外，老师们规划暑期时间为下一学年设计新项目。

PBL带来更新的个人发展

在考虑老师可能需要什么样的专业发展才能在PBL方面取得成功时，不要脱离现实问题。老师可以花时间与不同领域和环境中的专业人员交谈，甚至与他们一起工作，来了解真实项目，并了解黄金标准PBL所要求的真实工作方式。学校和学区领导可以寻找社区、工商界和学术界的专业人士来支持老师，并安排会议、访问、现场工作和其他方式让老师与校外世界联系。纳什维尔公立学校利用与民间组织的合作关系，帮助老师与当地专家取得联系，请看下面这个故事。

21世纪技能合作组织的执行董事海伦·苏莱（Helen Soulé）表示："许多州的K-12课程转向基于项目和问题的学习，这将导致个人发展的巨大变化。以后重点更多放在教学和专业发展与现实世界更紧密的联系上，例如通过让老师参加实习，使他们的项目实践安排与现实世界更紧密地联系在一起。"

那些不打算在全校开展PBL的学校怎么办？学校领导需要仔细地、创造性地思考如何利用专业发展时间，使老师有机会得到及时的支持以及学习和交流的机会。这可能意味着领导者要重新思考现有的结构，如教师专业能力学习社区，让老师更专注于PBL。每月安排一次到两次晚间开放或提前放学，为老师创造更多的合作时间。在非正式的情况下，校长或教学指导员可以提供一间教室，让老师观察同事的项目进展情况。为了长期推进，你可以使用在线平台促进老师合作和专业学习。

“这是没有捷径的，”一位校长说，“我们的日程很紧张，而这是一个持续的挑战。但我们知道，在整个PBL过程中，老师需要时间来计划、反思，并确定哪些是有效的，哪些是无效的，这样他们才能不断地改进项目。如果你想让老师在PBL中获得成功，你就必须为其腾出时间来。”

3. **寻找有效学习的证据**。当你走进正在进行项目的教室时，你会寻找什么作为有效教学和学习的证据？如果课堂观察是老师评价的一部分，那么哪些标准是你评价的依据？

一位刚接触PBL的校长在研讨会结束时说了一段很有启发性的话。他说：“上个星期，我走进一间教室进行观察。教室里有些嘈杂。我注意到，一些学生在做在线研究，而其他学生似乎在编辑视频。老师在一个角落里和一个小组一起工作。我没有坐下来观察PBL的活动，而是告诉老师‘哦，等你教书的时候我再来看看’，现在我开始意识到我错得有多离谱了！当时他们正在进行那么有思想的教学和学习，而我错过了，我仍然把好的教学定义为老师在讲台前讲课。”

对PBL比较熟悉的学校领导往往会和学生一起坐下来，询问他们的项目情况。他们可能会问学生驱动问题是什么，要求学生解释他们今天所做的活动将如何帮助他们回答这个问题。同样，如果老师需要解决项目中的难题，熟悉PBL的学校领导可以成为有效的传声筒。

4. **在学校层面**，领导者应该考虑以下有关管理PBL变革的问题：

- 你的领导风格如何支持老师完成变革？例如，你是否鼓励老师承担风险并通过反馈来改进项目？你是否分担领导责任？
- 你如何寻找PBL的资深老师，并鼓励他们领导其他老师？（见

本章后面关于诺维社区学校的案例研究）

- 你是否能让学校有效地面对世界？你是否向社区成员、潜在的合作伙伴和地区的决策者传达PBL的愿景？
- 你是否准备好在老师引入新的教学方法时支持他们？你将如何让他们知道，当他们承担风险时，你可以支持他们？

5. **在学区层面**，领导者应该考虑以下关于推进PBL变革进程的问题：

- 你将如何帮助学校领导学习他们需要知道的东西，让他们能够在学校层面指导PBL？
- 如何为专业发展提供地区资源（包括时间）？
- 你如何鼓励校长之间的沟通，防止孤立现象，支持他们在学校层面的PBL工作？

你准备好迎接分级了吗？

在实施PBL方面走在前列的学校和组织在重新思考评价方面也是领头羊。有些学校甚至更新了传统的成绩单，使之与学生通过PBL学习的内容更加一致。诚然，这是一个棘手的领域。改变传统的评分系统意味着学校必须改变“神圣而不可侵犯的制度”。

以前的评分系统很可能该改头换面了。来听听肯塔基大学教育心理学教授、评分权威托马斯·古斯基（Thomas Guskey）的说法吧：

如果有人提议将身高、体重、饮食和运动的衡量标准合并为一个数字或标记来代表一个人的身体状况，我们会觉得很可笑。将这些不同的衡量标准结合起来，怎么可能产生有意义的东西呢？但是当老师们每天都把学生的成绩、态度、责任、努力和行为结合起来，形成一个单一的分数，记录在成绩单上时，却没有人质疑。

他认为，更有效的评价是区分作品、过程和进度的成绩单。虽然这样的成绩单在美国并不常见，但在国际上却越来越受到重视。

对于恩威斯学校网络来说，新的评价方法从提出全面的问题开始。“我们开始问，我们希望孩子们知道什么？希望他们能够做什么？以及我们如何知道他们已经实现了这些？”兰兹说，“回答这些问题需要用绩点评价，还要使用档案袋来跟踪学生的学习情况。我们还问，我们应该如何构建学校（包括评价和报告）同时，由100多所学校组成的新技术网络已经重新设计了报告卡。学生们收到的不再是某门课程用字母打分的成绩单，而是描述了多个方面成长情况的报告。该报告既评价学生对学术内容的掌握情况，也评价工作道德、批判性思维和沟通等能力。”

为了修改整个系统的评分和评价，老师可能不得不放弃对个人评分做法的依赖。这可能需要建立共识和共同领导，在全校范围内采用共同的评分标准，用共同的语言来定义高质量的工作。老师们将需要就高质量的工作评价标准达成一致。作为他们持续的专业学习的一部分，老师需要时间来分享、讨论和校准他们对学生学习的评价。

重塑评分系统给学生带来益处。兰兹说：“这是给孩子的礼物。”如果有共同的评分标准，学生们就不必因为不同的老师有不同的规则而绞尽脑汁了。当学生收到更详细的进度报告时，他们对自己作为学习者所处的位置有了更清晰的认识，更容易理解自己距离目标还有多远。

勇敢的学校领导会积极地开展关于评分的讨论。古斯基建议教育领导者熟悉关于评分的研究，了解哪些东西对学生最有效。然后，他们可以提出“更有意义的政策和做法，支持学习并提高学生对自己作为学习者的理解”。同样地，老师可以参与有关评分的行动研究，并与同事分享他们的发现。

案例研究：诺维社区学校的同伴领导力

诺维社区学区为密歇根州底特律西北部社区的6,200名学生提供服务。自从校长史蒂夫·马修斯（Steve Matthews）于2011年上任以来，他一直在指导该学校实现“让学生参与有意义的工作”的愿景。他认为PBL是实现这一愿景的关键教学策略。他说：“PBL是帮助学生全心全意投入到课业中的方法之一。我的目标是找出如何将PBL纳入我们的学校文化，让更多的老师开始接受它。”

马修斯没有制定自上而下的项目实施任务，而是有意鼓励基层变革和老师领导。作为一个例子，他描述了资深老师玛雅·李（Myla Lee, BIE国家老师团队的成员）的职业历程。

在访问李的小学课堂时，马修斯说：“我可以看到，玛雅创造了一个精心设计、密集组织、基于PBL的环境。当我看着她和她的学生一起工作时，我开始想，我们怎样才能把她的影响扩大到整个地区？她能不能创建一个老师团队，在我们整个地区展示PBL的力量？”

马修斯特别希望利用同伴领导力，“帮助老师对PBL形成明确的理解和共同的定义。我认为，我们必须恰当地定义我们认为的PBL的基本要素，从一个驱动问题开始，一直到向真正的听众进行演示，以及这中间的一切”。

这位校长还有另一个鼓励基层变革的原因。最近在州和联邦一级的教育改革对来自区外的老师施加了压力。“我不想让老师觉得他们是被迫在课堂上采取某些活动，我希望这种变革更有机，更真实。我想展示在我们学区，在真正的教室内，老师利用PBL带来了影响。学生参与项目的积极性与老师息息相关。”马修斯预测，“建立老师支持可能需要更长的时间，但随着我们向前推进，它将变得更有意义”。

马修斯通过将现有的专业发展资源集中到PBL的倡议上，表明他对PBL的承诺。他邀请李至少花两年时间走出教室，从学生的PBL老师转变为其他教职工的PBL教练。

李回忆起那个改变职业生涯的机会，它发生在2013年夏末。“马修斯博士对我的同事说，‘玛雅要去旅行了。有谁想和她一起去吗？我们会在你学习PBL的过程中支持你’。”

她的第一步是举办一个研讨会，让同行们了解更多关于未来的专业发展机会。这次活动的结果是，第一批18名老师自愿开始了他们的PBL之旅。每个人都做出了两年的承诺，学习PBL并在玛雅的指导下实施与共同核心相一致的项目。

李发现，成人学习者与学生一样具有多样性。她说：“他们都来自不同的地方。老师们以小组形式见面，他们会聚在一起深入研究PBL的具体方面。然后，我花时间在每个教室示范PBL策略，并提供老师们需要的任何帮助。我告诉他们，在项目的头五天、最后五天以及中间的艰难阶段，我都会在这里支持他们。”

李已经注意到，在这个强调技术整合的倡议中，专业学习是透明的。她建立了一个网站，以捕捉项目的亮点、收集老师的反馈、分享资源，并在整个学区（和更大的社区）建立共同理解，让外界了解高质量的PBL行动是什么样子。在主页上，她强调了有助于聚焦该小组专业学习经验的驱动问题。作为NCSD的老师，我们怎样才能为我们的班级发展PBL文化和创设良好的学习环境?

倡议实施不到一年，李和同事就发现了文化变革的证据。例如，在一个教室里，一位小学老师刚刚成功结束了她的第一个项目。她告诉学生，他们将开始一个新的单元（她并不打算以PBL方式教学）。李描述了接下来发生的事情："当她说'好吧，拿出你们的社会学课本，让我们开始学习下一章'时，她可以看到学生脸上的失望。学生们想知道，驱动问题是什么？我们的项目组有哪些成员？那天晚上她给我打电话说：'我必须设计另一个项目。学生不会让我回到传统的单元教学中去的！'"

当然，不是每个项目都能改变游戏规则。"这些最初的项目是否像我们希望的那样真实？当然不是，"李说，"但我们可以看到，随着时间的推移，项目会越来越好。对于大约三分之一的学员来说，PBL已经得到了大力支持。这已经成为他们和学生的一种文化。另外三分之一的人现在对建立课堂实践以支持和维持PBL有了更强的了解需求，但是对其余的人来说，他们还没有完全习惯。"

同时，更多的人对PBL产生了兴趣。第二年，一个更大的团队已经形成，而第一年的老师将继续接受及时的辅导和在线支持。李经常收到来自个别老师和校长的请求，他们希望引入PBL，而且这种兴趣正在各年级蔓延。随着该计划的发展，李正战略性地招募第一年的成员成为老师领袖。她说："他们可以成为我们学区的首选老师，继续推广PBL。"

从校长的角度来看，基层方法正在产生他希望看到的结果。在最近一次访问一年级教室时，他与一名学生坐在一起，问他当前的项目。马修斯说："他能够非常详细地告诉我他在做什么，为什么这很重要，以及它对学校的积极影响。这对我来说是一个有力的证明，这个学生很投入。"其他班级也有类似的现象，让他相信"学生们可以直观地看到PBL的力量。他们希望在所有的课堂上都能做到这一点"。

尽管马修斯渴望庆祝早期的成功，但他意识到，并非所有的老师都准备好"退后一步，放弃一些控制权，相信学生会在学习过程中承担责任"。他承认："有些人对此感到担忧，尤其是在学生成长是老师评价内容的时代。"大量PBL先驱们的成功经验表明，"你可以创建一个课堂，让学生以他们以前从未参与过的方式参与进来。这并不是说，我们在这一过程中不会遇到挫折。但我们需要把这些好的例子分享出去，让老师们相互交流。当老师们看到同事们的成功时，他们会想获得成功"。

带动利益相关者一起行动

无论你是在学区还是在学校领导PBL计划，你都可以预见来自利益相关者的问题。家长可能会想，为什么你要改变传统的教学模式。他们可能会质疑反映团队活力的评分政策。社区成员，包括你所在学区的主要雇主，可能想知道这种方法是否能让学生为高中毕业后的生活做好准备。不可避免的是，鉴于目前对问责制和共同核心国家标准等倡议的强调，利益相关者想知道PBL将如何影响学生的成绩。

作为学校或学区领导，你需要准备好与各种利益相关者沟通“为什么选择PBL？”。你可以准备一个演讲，来回答这个问题，但这只是战略沟通计划的一小部分。你需要与学区的公共关系和社会媒体专家合作，塑造一个引人注目的信息，说明学生为什么参与项目以及研究如何支持PBL。你还可以在个人和网络上分享相关的信息。寻找分享关于项目取得令人信服的成果的正面故事，以及关于PBL有效性的研究亮点的机会。利用项目展览等活动，通过媒体渠道分享你的PBL经验。不要忘记确保其他工作人员（从办公室工作人员到董事会成员）也可以传达PBL信息，因为他们也有可能回答社区成员的问题。

谈话要点：为什么要进行基于项目式学习？

1.PBL能让学校对学生更有吸引力。今天的学生比以往任何时候都更容易觉得学校很无聊、毫无意义。在PBL中，学生是主动的，而不是被动的。一个项目吸引了他们的心灵和思想，并为学习提供了现实世界的相关性。

2.PBL能改进学习。完成一个项目后，学生会记住他们学到的东西，并且比传统教学记住的时间通常更长。正因如此，通过PBL获得内容知识的学生能够更好地将他们所知道的和可以做的应用到新的环境中。与肤浅的“达到标准”的方法相比，学生从更深层次学习内容。

3.PBL能帮助学生为大学和就业做好准备。在新时代的工作场所，成功需要的不仅仅是基本知识和技能。在PBL中，学生不仅可以更深入地理解内容，还可以学习如何承担责任和建立信心、解决问题、协作工作、交流想法以及有效地管理自己。

4.PBL有助于制定标准。共同核心和其他现代标准强调知识和技能在现实世界中的应用，以及培养必备的技能，例如批判性思维、解决问题的能力，以及与他人协作的能力。PBL是实现这些目标的有效途径。

5.PBL为学生提供使用技术的机会。学生在生活中经常使用的现代技术非常适合PBL。借助技术，老师和学生可以与世界各地的专家、合作伙伴和受众建立联系，查找资源和信息，创建作品并更有效地协作。

6.PBL使教学更加愉快和有益。PBL允许老师与积极、投入的学生更密切地合作，完成高质量、有意义的工作，并在许多情况下重新发现与学生一起学习的乐趣。传统教学方法可能带来令人失望的结果，与此相比，使用PBL的老师看到了对学生的深远影响。

7.PBL将学生和学校与社区和现实世界联系起来。项目通过解决实际问题，为学生提供机会，让他们在社区和更广阔的世界中有所作为。学生学习如何与成人和组织互动，接触工作场所和成人工作，并可以发展潜在的职业兴趣。此外，家长和社区成员也可以参与项目。

不要等到项目结束时才分享你的PBL故事。通过开放日和学校参观日等活动，让公众和媒体了解PBL的好处——可以由积极参与的学生带领，他们往往是PBL的热情倡导者。

通过邀请社区成员作为内容领域专家来提高项目参与度。邀请各位利益相关者分享他们的专业知识，包括家长、非营利组织和商业组织的代表、当地大学和社区大学的老师、商会或旅游局，以及其他想要分享的人。

鼓励利益相关者分享可以从学生解决问题中获益的问题。例如，学生可能会使用他们的批判性思维和沟通技巧来帮助非营利组织制作公共服务公告或创建社交媒体活动以吸引更多人访问他们的社区。

案例研究：纳什维尔的社区参与

现在，在开展大规模PBL计划的几年后，纳什维尔大都会公立学校已经制定了应对常见PBL挑战的策略：如何将学校与专家和社区合作伙伴联系起来。

这个为近8.5万名学生提供服务的学区开始引入PBL，作为学校改革努力的方向，在12所综合高中里创建职业学院。学院专注于各种领域，包括音乐录制、工程、健康职业、文化机构和汽车工业。这种方法为与广泛的职业相关的跨学科项目创造了条件。

托德·维金顿说："我们的老师必须弄清楚，在现实世界中，谁在做与我所教内容相关的事情？我怎样才能使它在聚焦于我要教的内容的同时，又具备足够的真实性？"托德·维金顿曾是该区的社会研究协调员，现在担任教学项目协调员的新职务。为了确保项目的真实性，老师可能不得不调查项目与现实世界的联系。“如果老师不知道谁在现实世界中使用这些内容，我们鼓励他们去寻找相关信息，比如我们为什么要教它？为什么它是有用的？哪些专家可以帮助回答这些问题。”维金顿补充说。为了将专家与教室联系起来，该区已经与纳什维尔地区的企业和社区组织建立了伙伴关系。一些合作关系是通过学区领导的老式网络建立的。其他合作关系是在纳什维尔联盟（Alignment Nashville）的帮助下建立的。纳什维尔联盟是一个非营利组织，负责动员社区组织支持该市的青少年。

既定的关系使我们更容易在项目的整个过程中利用专家，包括设计阶段一直到最后的活动。例如，在项目设计研讨会期间，专家通常会向老师提供评价性反馈，以确保维金顿所说的“计划的真实性”。他们还帮助学生解决探究过程中的难题，有时还提供获得特定专业工具的机会。在项目展示期间，学生可以期待专家提出问题，推动他们的思考，增加与现实世界的关联性。通过地区合作，老师们还参加了短期的外部实习，从而得以近距离地观察他们的学生即将去的工作场所。

为了在社区建立对PBL的认识，纳什维尔在每个学年结束时都会举办一个项目展览。来自该地区高中和初中的数百名学生参加这个展览。维金顿说：“这是一个庆祝学习和公开展示学生作品的机会。专家参与意味着这也是一个深入学习的机会。评审员来自不同的学科，并使用一个共同的评分标准对项目进行评分。学生要历经三场评价，在真实的观众面前磨炼他们的演讲技巧。学生们都很振奋，展览每年都会变得更好。”

巧妙地实现规模化

一旦PBL在你的学校社区扎根，一定要在早期成功的基础上再接再厉。庆祝学生和老师的成就将有助于增强势头。同时，你要有耐心。转变教学实践需要时间，在实现规模方面要有智慧，让PBL得到更广泛的支持。不要让新的举措侵蚀你为PBL获得支持所做的工作。

以下是PBL领导者需要思考的最后几个问题：

- 你将如何鼓励PBL领导团队的合作决策？
- 你将如何记录和庆祝成功的PBL，以加深社区对其益处的认识？
- 你如何培养教职工的能力，让他们为PBL发展进行长期的、以同行为主导的专业能力培训？
- 你将如何招聘PBL的资深老师和教学领导？
- 你将如何帮助教职工避免主动性的倦怠？
- 你将如何帮助他们学习高质量的教学方法（例如技术升级或数学、科学或识字方面的新方法）？

第七章

非正式教育和暑期项目中的PBL

当基于项目式学习发生在我们认为的“正规”学校之外时会是什么样子？我们来看看这几个例子：

- 高中生担心社区空气质量差，利用放学后的项目时间在校园周围的社区安装了监控设备。他们利用收集和分析的数据作为证据，游说对工业污染者实施更严格的监管。
- 中学生为了回答下面这个有趣的驱动问题，加入了一个学校俱乐部：我们如何建造一个功能强大且成本低廉的假肢，改善发展中国家战争或事故受害者的生活？
- 参加城市课后项目的孩子们采访亲戚，并制作了一本世界文化和家庭故事的食谱。

在广泛的非正式教育环境中（从课后俱乐部和青年团体到暑期强化课程），PBL作为一种使儿童和青少年能够探索兴趣、建立积极关系并参与真正的问题解决的策略正在获得关注。尽管非正式教育可能并不总是完全符合标准，但学生也有机会通过课外活动来加强学术技能。

在一些先锋社区，PBL正在改变传统的课后和暑期项目。青少年现在不再把空闲时间花在受监督的家庭作业或辅导上，而是花在休闲娱乐上。他们参加令他们高度感兴趣的项目，这也会使他们的家庭和社区受益。

在本章中，我们将探讨PBL在非正式教育中的使用机会，以及充分利用这些潜在的丰富学习经验的策略。

为什么在非正式教育中采用PBL

在正常上课时间以外进行的学习，不受固定的校历或每日时间表的限制。没有预先确定的课程，也没有年级预期规定学生应该知道的内容。

“没有家庭作业，没有成绩，没有压力。”一位同时为课后俱乐部提供咨询的老师表示。“这都是学生想做的事，”另一位顾问说，“非正式的学习项目给孩子们提供了一个机会，让他们把一个想法付诸实践，然后乐此不疲。”

尽管开放性是显著的，但非正式学习项目确实倾向于有具体的目标。一些项目提供了丰富的内容，使青少年接触到他们在正常学校生活中可能不会遇到的机会。其他项目将学生与积极的榜样联系起来，强化有利的决策，或让参与者参与到社区服务中来，从而培养青少年的抗压能力。以学校为基础的暑期项目通常旨在提高学术技能，提高有困难的学生的参与度。

将学习延伸到教室和传统的上学时间之外的项目，是对学校和家庭学习的补充。《教育国家》（*Education Nation*）一书的作者弥尔顿·陈（Milton Chen）强调了这些“第三学习空间”的重要性。在这里，学生的学习方式不受学校日的安排、教室四面墙的限制或家庭位置的约束。

这一观察结果与研究人员所描述的“关联学习”一致。在空闲时间，在公共图书馆、博物馆、社区中心和其他空间，年轻人正在使用技术和创客空间，对现实问题进行评价和思考，提出新发现和有创造性的解决方案。他们在探索兴趣、创建自己的内容，并且时不时参与公民行动的过程中，与同龄人和导师一起学习。

如果做得好，这些项目有巨大的潜力来扩展和深化学生的学习。校外教育联盟是校外教育领域的主要声音，它建议课外教育项目必须成为重要的学习场所——更具体地说，是在培养新技能、发现新兴趣和获得掌握感的机会中激发年轻人的学习兴趣。根据校外教育联盟的说法，课后项目的优势在于它们完全可以通过补充学校和家庭的学习来完成这些事情，并提供宝贵的扩展学习机会。

基于项目的学习为解决非正式学习项目（即一位专家称为“非学校学习”）提供了一个可行的框架。学生驱动的探究和青少年的参与度，既是良好的基于项目式学习的标志，也是校外学习环境的质量指标。更重要的是，精心设计的项目往往会推动学生将他们所学的东西应用到行动中。PBL强调在实践中学习，让人们发现学生确实会做一些事情。

这就难怪PBL会得到非正式教育项目的密切关注，包括青年服务组织、博物馆、图书馆、公园，以及由学区和合作伙伴组织赞助的课后和暑期强化项目。在这些不同的背景下，高质量的非正式学习的重要内容往往就是PBL项目期间进行的实践活动。

课后和暑期学习（Learning In Afterschool and Summer, LIAS）是一个致力于促进课后项目原则统一的项目。表7.1显示了LIAS的几个核心学习原则是如何与PBL的实践保持一致的。

表7.1 LIAS非正式学习原则与PBL实践之间的一致性

非正式学习的重要内容	PBL实践
积极的学习	在实践中学习，既动手又用心
协作的学习	通过团队合作学习和创造作品，培养有效协作的技能
有意义的学习	通过学生驱动的对现实世界中重要问题的探究进行学习
促进对知识掌握的学习	学习深入理解内容并培养成功技能，通过反馈和改进的迭代循环，让作品公开
拓展视野的学习	允许学生发表意见，有选择地学习，将作品呈现给真实的观众

专注于高质量PBL的必要因素有助于确保非正式学习的时间用得其所。对课堂黄金标准PBL至关重要的基本项目设计元素在非正式学习中也很重要，只需稍作修改。例如，非正式学习中的关键知识和理解不仅限于学术学习目标和标准。

在黄金标准PBL的其他特点中，对非正式学习最重要的往往是那些涉及学生参与的项目。毕竟，参与校外学习的项目不是强制性的。为了在非正式学习时间取得成功，项目需要为学生提供强烈的真实感，并允许学生发表意见、进行选择。一个有吸引力的问题能让学生聚焦于项目，而作品公开让学生更有动力，让他们努力做到最好。

一些社区正在通过PBL的视角重新构想传统的课外活动。暑期班和课后班都在进行改造，向学生提供有吸引力的项目。

如何在暑期项目中采用PBL

说服学生报名参加暑期学校可能是一件难事。在暑假期间回到学校，学生可能会觉得这是对在正常学年做得不好或错过课时的惩罚。从积极的一面来看，对于学业落后的学生来说，暑期学校确实提供了一个恢复学分的机会，也许还能加强学术技能。设计良好的暑期课程为学生提供了一个在更轻松的环境中学习的机会。有时班级规模较小，老师能为不同的学习者提供不同的教学。尽管有一些好的项目，但其他项目都还是以计划表为指导的课后补习。在学生的许多朋友都不在学校的时候，暑期学校如何让学生保持参与度，如何激励学生？

在这种情况下，基于项目式学习可能特别有用。通过引入这些特别的项目，学生可以深入挖掘他们的激情并加强学术技能，有时甚至没有意识到他们在“做学问”。典型的暑期项目的时间很短（通常只有几周），这使得学生能够专注于一个项目，并以一个作品来结束这一切。此外，温暖的天气和学生对户外活动的渴望与基于地点的项目自然对接，使学生走出教室。更重要的是，对于那些对PBL感兴趣的老师来说，夏季是一个理想的来“试行”这种教学方法的季节。以下几个例子说明了这种可能性。

怀俄明州科迪市的帕克县第六学区创建了一个PBL暑期学校，让六年级至八年级的学生走出教学楼，开展各种项目。其中一个项目起源于学生认为他们的小镇很无聊、没有很多年轻人可参与的活动。为了解决这一问题，各小组合作使用谷歌地图创建了互动地图。他们写了相应的文字来描述远足小径、自行车路线和当地公园。在这个项目中，学生们发展了写作和摄影技巧，用数学和地理知识来确定距离，并学习了营销和沟通。在另一个科学/数学项目中，学生们了解到附近山上的观景点有一种罕见的植物，却被游客践踏，所以他们建造了一个观景台以保护其栖息地。

在密歇根州荷兰市的“我挑战你”（iChallengeU）项目中，高中生可以参加为期两周的暑期强化课程。参加当地企业和非营利组织的实际项目，并获得社区大学的商业创新课程学分。每个团队与名师和当地专家合作，研究一个问题，制定解决方案，并准备演讲。例如，学生们与一家技术公司合作，确定如何吸引顶尖人才；帮助一家医院设计一种方法，让该县更多的女性可以拥有乳腺癌检测的机会；或代表一家农场组织一场活动，改变人们对农业的看法。

暑期学校案例研究：凯瑟琳·史密斯小学的新方法

当凯瑟琳·史密斯小学校长亚伦·布伦加德（Aaron Brengard）接手了加利福尼亚州圣何塞常青学区的暑期学校项目时，他知道自己面临着一个挑战。该课程在前一年夏天被搁置，最近才恢复。地区预算被压缩，这意味着用于暑期课程的资源有限。他有四年级至八年级的学生要教，却只有15天的时间。布伦加德自己也曾是一名暑期学校的老师，他想让这种体验比通常的补习和课间活动更丰富、更有意义。

布伦加德和常青项目主任丹尼斯·威廉姆斯（Denise Williams）被教育领域的职业技术运动所吸引，并开始研究如何将学生在暑期班的学习与外部世界联系起来。他们认为，短期的时间框架对于连接学校和职业的短期项目很完美。他们希望PBL方法能够为学生的学习提供一个目的，并为激发老师的热情提供一个平台。行政团队将项目规划技能纳入他们聘用的老师的申请和培训过程中。

利用巴克学院的材料支持，暑期学校的老师们启动了他们的项目。学生们设计了棋盘游戏，制作了黏土动画电影，分析了运动时收集的数据，并制作了公共服务公告。许多人发现他们比在“常规”学校学习了更多的内容，发展了更多的技能。正如一个五年级学生所说：“我们做了一个关于足球的项目。当我们做数学题时，我们会去体育馆，对着球门射门，并收集有关精度的数据。我们发现哪些角度进球的概率最大。”她将这种积极的、由学生驱动的学习与她在典型的传统数学课上做的工作表进行了比较。在那些更传统的作业中，她的动力不是来自对内容的好奇，而是来自获得星星的机会（通过获得正确的答案），以便能够参加一个冰激凌派对。

如何在课后项目中使用PBL

课后项目发挥着重要作用。对于有工作的父母的孩子来说，参加课后项目意味着在学校和家庭之间有一个安全的、有监督的地方可以去。根据校外教育联盟的情况介绍，目前有1,000多万名儿童参加了课后项目。如果当地有高质量的项目，还有1,900万名儿童会参加。

项目通常提供家庭作业帮助和辅导，有些还提供与体育、艺术、技术和其他兴趣相关的专门项目。研究人员发现，高质量的课后项目可以提高学生的出勤率和学生成绩。

尽管有潜在的好处，但课后项目面临独特的挑战。课后教职工往往没有接受过与课堂老师相同的培训。在一些项目中，人员流失率很高，其中许多项目依靠兼职人员，因此需要持续的专业发展。此外，课后项目获得技术和其他资源的机会可能有限。为创新项目寻找时间可能是一个挑战，因为课后教职工已经在处理许多议程项目，学生也需要时间来参与项目。

尽管PBL在课后活动中还不是很普遍，但它正在获得一个立足点。实施让学生高度感兴趣的项目来取代非结构化的课后时间，提供了一个激励青少年参与和提升项目质量的策略。PBL有力地支持了课外活动的三个质量指标：教职工与青少年的接触，青少年的参与，以及高质量、有挑战性的活动。宾夕法尼亚州费城的一个团队表示，对于课后教育提供者来说，PBL提供了一种既结构化又灵活的模式，能够在180个项目点之间实施的项目（见下一节中关于费城的案例研究）。

美国教育部已经开发了在线资源和技术援助，鼓励在社区学习中心实施PBL，这些中心为全国成千上万的学龄儿童提供课后活动和暑期项目。

在另一个例子中，旧金山的中学生可以从各种基于项目式学习的俱乐部中进行选择。俱乐部由日落区灯塔中心管理，每周有四天聚会，时间为90分钟。学生们按照自己的兴趣，制作电影和漫画、设计网站，并学习舞蹈。所有的俱乐部都强调技术以及英语语言艺术标准的写作和研究，补充了在正常学校日期间的学习。

课后案例研究：费城的故事

公共卫生管理公司（The Public Health Management Corporation, PHMC）于2009年开始通过一个由180多个校外项目组成的网络推广PBL。数以千计的儿童和青少年在课后和暑假期间参加了这些项目，工作人员记录了自从转向PBL后该项目质量的提高。

一位工作人员说："PBL为每天的活动提供了一个更明确的目的。PBL的结构有助于工作人员和青少年专注于一个共同的目标，而灵活性则为学生在项目设计中的发言和选择提供了充足的空间。"

为了支持其社区组织网络，PHMC为校外工作人员制定了专业发展。在BIE提供关于PBL要领的初步培训后，PHMC自己能够培训和指导工作人员。

幼儿园至十二年级的学生已经参加了广泛的项目。例如，五年级的学生利用故事板和当地报纸的图片和故事将《爱丽丝梦游仙境》改写成《爱丽丝在费城》。学生们在创作自己的故事之前，首先阅读（或聆听）了爱丽丝的故事，并观看了电影。最后的演示包括在"疯帽子派对"上表演他们写的一个场景。学生们还策划了聚会的各个流程，制作了邀请函、服装和装饰品。虽然这个主题听起来很幼稚，但学生们每周用四个下午的时间学习了宝贵的识字技能。

努伊社区中心的小学生们在去社区中心参加暑期活动时，注意到街道上遍地垃圾。为了创造更清洁的游戏场所，孩子们采取了三方面的行动。首先，他们组织了一次社区清洁活动，清理街道上的垃圾。其次，他们编写并表演了一出关于回收利用的戏剧，让社区了解减少垃圾并回收废物的重要性。最后，他们将一块空地改造成花园。

贝利卡社区中心的高中生们通过相关体验，了解了非营利组织筹款的挑战。一支男生队伍试图组织一场社交舞会，但由于广告做得不好，没有达到他们期望的效果。一个由女生组成的团队从这一经验中吸取了教训，策划了一个狂欢节，成功地筹集了资金，资助了当地低收入家庭。

尽管有这些和其他成功的项目，费城的提供者仍不得不解决各种挑战来发展他们的PBL项目。以下策略有助于支持整个系统的变革，建立一个高质量的项目：

- 允许有时间进行PBL，并且要提供越来越多的时间。课后教育机构认识到传统活动时间的重要性，如家庭作业、吃零食和体育活动。这些活动将继续在课后安排中占有一席之地（即使是在转向PBL的情况下）。PHMC为参与项目设定了每学年内完成项目的最低数量（小学4个，高中3个），但该机构将日程总表和每天的时间安排留给各组织机构来决定。小学生通常在一个项目上花费几周时间，而青少年则可能花费两个月或更多的时间在课后俱乐部中开展更深入的项目。
- 培养工作人员的能力。PHMC在为课后项目提供持续的专业发展和技术支持方面有着丰富的经验。因为许多课后项目的工作人员都是兼职人员，流动率很高。机构在全市范围内提供为校外活动量身定做的项目规划和管理资源。这些方法使那些没有经过专业培训的个人也能够开展项目。

- 将PBL与现有活动联系起来。许多教育机构通过将项目与现有的、高吸引力的项目（如艺术强化、舞蹈或体育）联系起来，为PBL找到了空间。这样一来，项目就不会与过去已经取得成功的核心项目竞争，而是起到加强的作用。
- 与家长沟通。就像家长需要了解PBL在正常上课时的价值一样，他们需要了解PBL在课后活动中的作用。与家长沟通选择PBL开展项目的原因和优势，有助于项目工作人员克服最初对项目会压缩家庭作业时间的担忧。

自主学习和探索

PBL的开放性使其非常适用于旨在扩大学生视野的非正式教育项目中。在这样的项目中，学生可能第一次有机会探索某个领域，如电影制作或数字音乐录制，或在创客空间使用建筑工具或3D打印机。这些项目使学生能够解决与他们有关的当地或全球问题。

教育家艾米丽·皮洛顿（Emily Pilloton）是一个名为“H项目”的常规学年设计/创建项目的创始人，她为9岁至12岁的女孩创建了一个暑期项目。正如一位参与者所说：“我是一个10岁的女孩，我都知道如何焊接，那我有什么不能做的？”

同样，美国MESA［数学（Math）、工程（Engineering）和科学成就（Science Achievement）］是一个全国性项目，旨在吸引弱势群体青少年进入STEM领域。虽然有些州将MESA纳入正常的教学时间，但大多数地方都是以课后俱乐部的形式与学生接触，由老师担任顾问。

据MESA美国公司总裁大卫·科罗纳多（David Coronado）说，接触教育上处于弱势的青年的关键战略是通过高吸引力的挑战设计，让学生有机会帮助他人。学生们在比赛中在公众面前展示自己的设计。

“我们知道，许多年轻人对STEM感兴趣是因为他们想帮助别人，”科罗纳多在接受教育乌托邦（Edutopia）采访时说，“这些由MESA提供服务的年轻人中，有许多人自己克服了障碍。现在他们想为他们的社区做出贡献。我们希望项目的持续发展与这种情绪联系起来。”

自主学习是MESA的基石，它包含了PBL策略。“如果你自己摸索，你会学到更多，”一位名叫梅丽莎的学生说，“这比考试型学习要好得多。”

虽然MESA的重点是正视学生，但它也为老师提供了一个学习机会。“我们想为老师创造一个沙盒，让他们以一种有趣、有吸引力、没有压力的方式与学生互动。这也为老师创造了发挥创造力的空间。”科罗纳多说，“他们还能磨炼新技能。我们希望他们看到，他们在这里能做的许多事情也能在正常的上课时间做。老师不需要工程方面的专业知识，他们需要成为激发好奇心的专家，帮助学生提出问题并找到答案。我们鼓励老师与学生一起学习。”

尽管到目前为止，关于非正式教育中的PBL的研究很少，但我们从相关经验中得知，这类项目可以孕育测试高吸引力项目想法的机会，这些想法最终可能会应用到日常的学校课堂中。例如，“校园魔兽世界”是一个由老师和媒体专家开发的项目，颇受欢迎。开发者希望探索数字游戏在语言艺术课程中的潜力。正如开发者说的那样：

> 这个项目最初的重点是为初中或高中阶段的高危学生开发课后项目或“俱乐部”课程。这个项目将使用《魔兽世界》这个游戏，作为探索写作/文学、数学、数字公民、网络安全的焦点，

并将设计许多项目/课程。由于第一年作为课后项目实施得很成功，该项目现在正作为初中生的语言艺术选修课实施，为学生提供丰富的语言内容。该计划也在不断推广，迄今为止，美国和加拿大的12所学校已经使用了我们的材料，并加入了我们的探索之旅。

服务性学习项目

服务性学习项目对那些有动力改善当地社区或想解决全球挑战的学生具有强烈的吸引力。尽管服务性学习项目经常在正常的上课时间进行，教授课程核心内容，但学校俱乐部和其他非正式教育项目的服务性学习吸引了更多的学生，因为它们提供了更多参与解决社区问题的机会。

例如，俄勒冈州波特兰市罗斯福高中的一个科学俱乐部的学生在得知他们学校所在社区的空气质量在全国排名靠后时，心中受到触动，于是采取了行动。学生们利用课外时间，作为公民科学家、游说者和活动家来解决这个问题。在项目中，他们调查了美国宇航局对植物净化空气能力的研究，并将其应用于教室和其他地方。他们与大学的科学家合作，使用最先进的测量技术来测试和监测空气质量。他们通过在社区张贴标语，标语中写着“我们的空气中有什么？”，以此引起人们的注意。有了明确的数据，他们游说州立法机构，要求主要空气污染者切实履行环保责任，做好源头污染减排。

服务性学习项目提供了重要的合作结构和宝贵的反思时间，帮助学生发展其他技能。各州教育委员会的国家学习和公民中心报告写道：高质量的服务学习与学生获得21世纪的技能在统计学上有显著的积极关系。研究还表明，服务性学习项目不仅能提高个人的考试成绩，还能使整个社区受益。

非正式教育中的PBL策略

尽管PBL在将学习延伸到学校之外方面具有巨大的潜力，但这种方式并非没有遇到过挑战。为了成功地实施，教育工作者最好注意以下关键策略：

- **培养工作人员的能力。**就性质而言，非正规教育的工作往往是兼职，具有临时性和季节性的特点。这种情况造成了高流动率，这使得培训和一致性变得很困难。此外，一些工作人员可能不适应或不愿意为了更深入的学习而改变他们的做法。要使PBL有效，工作人员必须接受PBL。要做到这一点，工作人员就要转变传统的程序性做法，但这并不意味着他们应该忘记自己所擅长的事情。许多人善于与青少年建立积极的关系，计划高吸引力的活动，而且能理解学生的兴趣。这些能力为PBL提供了良好的起点。

在高质量的专业发展中，强调PBL是一种方法，而不是一套独立的活动。直接的专业发展（面对面、在线，或两者的结合），或能提供持续性支持的培训导师都可以推动高质量的专业发展。与在常规课堂上引入PBL类似，将这一策略引入非正规教育不仅需要在开始的时候举办研讨会，还需要持续的支持。获取资源、定期检查、记录和分享成功经验都有助于推动向PBL的转变。

- **考虑时间、持续时间和连续性。**当涉及将PBL引入非正式学习时，时间是一个关键的考虑因素。有些项目在暑假期间每天持续6个小时，而其他项目可能只在放学后占用一两个小时，学生的出勤率也会有很大的波动。在计划项目时，工作人员需要仔细考虑他们的日程安排，并为家长可能期望的竞争性议程项目（如点心时间和家庭作业帮助）留出时间。他们可能会发现，常规活动（如艺术或娱乐时间）可以被整合到项目中。

- **以学生的兴趣和才能为基础。**非正式教育项目可能会吸引来自整个社区的学生，这意味着与典型的某个年级的某个班级相比，学生的技能、兴趣和背景知识更具有多样性。为了利用这种多样性，非正式教育工作人员需要通过调查和日常的讨论来了解学生的兴趣和技能。了解学生，发现对他们重要的东西，有助于建立与学生的联系，确保项目反映学生真实的选择。
- **为PBL建立一个共享框架。**与在整个学校或学区实施PBL类似，如果所有的非正式教育工作人员"说同样的语言"，并使用同样的基本框架来设计项目，会对项目实施有很大帮助。项目应具有共同的定义和愿景，使用共同的项目计划表，以及共享的评分标准和其他文件。例如，来自费城校外活动项目的OST PBL博客有共同的项目计划表、小组任务表和参与者的汇报表，以及一致的评价标准。
- **培养合作能力。**提供者需要能够与学校工作人员、当地企业和项目以及他们的同事合作，以计划和实施高质量的PBL。如果项目具有学术或激发学生学习兴趣的潜力，鼓励课堂老师和非正式教育提供者之间频繁和明确的沟通就很重要。

- **强调学生的声音和选择。**如果没有学生的认同，非正式教育项目往往就成了托儿所。与所有形式的PBL一样，学生的声音和选择应该贯穿项目设计的始终。

最后的考虑因素

谈到课后和暑期学习项目，弥尔顿·陈恰当地描述了PBL在整个非正式教育领域的潜力：

> 课后和暑期学习运动的兴起仍然是美国教育新景观中的一个亮点。这一运动通常通过学校和社区的合作，其所包含的项目有助于吸引学生，丰富其在学校或家庭生活中的经验。这是一个独特的教育发现，由成千上万的教育工作者和广泛的非营利组织、公共和私人合作伙伴的承诺和毅力所推动。

有些人可能试图阻碍这一创新运动，使学习方式保持原样。但鉴于目前流行的全球、社会和经济力量，这是一个错误的方向。课后和暑期学习运动可能成为打破陈规的关键力量，为孩子们提供任何时间、任何地点、任何途径、任何速度的学习机会，因此它处于未来教育的前沿。

结 语

在项目结束后，老师和学生应该花一些时间来回顾他们所经历的一切和所学到的东西。我们现在也要做同样的事情。我们希望本书的读者能够理解与黄金标准PBL有关的一些基本信息。

老师：你可以在所有年级和所有学科领域与所有学生一起做PBL。根据你的专业判断和你所在的学校或学区的目标，你每年进行的项目的数量、类型和复杂性可以有所不同。第二章中解释的基本项目设计要素的发挥方式也会有所不同，但在适当的范围内将它们纳入你所做的每个项目中，将有助于确保成功。同样，你如何管理一个项目也取决于你和你的课堂，但一般来说，你能教给学生的东西越多越好。如果你是PBL的新手，这件事一开始可能很有挑战，但请试一试。你会很高兴，甚至会惊奇于学生能完成的成果。

学校和学区领导人：你们在使PBL在你们学校获得成功方面发挥着重要作用。在一所学校或一个系统中实施PBL是一个艰巨而长期的努力的过程。政策、实践，甚至是组织文化都需要改变。要想方设法地为老师创造时间，让他们合作计划、互相提出意见并改进，并对他们的项目进行评价。所有利益相关者都需要支持PBL的共同愿景。请与所有的教职工和社区一起努力，请相信PBL会让学生们为新时代的学习、工作和生活做好充分的准备。

对于每一个希望我们的学生得到最好的教育的人，也是每一个正在阅读这本书的人：即使你还不确定是否要选择PBL，我们希望这本书已经清楚地定义了它，并向你明确了它的优势，或者至少让你有了准确的理解。我们相信，本书中概述的黄金标准将有助于确保PBL持续地走进世界各地的课堂。

虽然我们在本书中描述了黄金标准PBL模式，但它并不是一成不变的。我们希望各地的PBL实践者能够为我们的思考做出贡献，并帮助我们建立对高质量的项目学习意味着什么的共同理解。随着时间的推移，越来越多的人会产生自己的理解。我们可以预见促进这种理解的许多方法。黄金标准对老师个人、学校和学区、网络和组织都是有用的，它可以衡量、校准和改进他们的实践。因此，请继续关注更新和进一步的讨论。

最后，请与我们保持联系！你可以加入一些以PBL为导向的社区，还有越来越多的资源可以通过巴克教育研究所的网站www.bie.org获取。祝愿你和你的学生，以及你所有的黄金标准项目都能顺利进行。

附录A：项目快照（小学）

感谢农民

项目类型：设计挑战（活动）

驱动问题：如何对当地农民表示感谢?

年级和科目：早期小学（K-1）；识字和社会研究

利亚·奥巴赫（Leah Obach）是一名小学一年级老师，该小学为加拿大马尼托巴省的一个农业社区服务。通过倾听一年级学生的心声，奥巴赫设计了一个项目，让学生们感谢当地农民的贡献。

奥巴赫曾在高中和小学任教。她表示自己正在做PBL："在我知道你们这样称呼这种教学方法之前，项目一直是我教学的一部分。"她也是一个资深的合作者。奥巴赫经常与幼儿园老师德文·考德威尔合作开展项目，后者的学校离这里大约45分钟车程。两人是在奥巴赫在考德威尔的课堂上当实习老师时认识的，此后一直保持合作。

两位老师经常让他们的学生通过Skype视频会议进行"会面"。这种互动使年幼的学生充分发挥口语和听力技能，同时也产生了项目想法。

“我们会让孩子们谈论他们发现的问题或难题。我们想知道学生对什么感兴趣？”奥巴赫说。

为了在学年初期获得关于PBL的灵感，老师们邀请了一些以前的学生在电话会议上做演讲嘉宾。高年级学生描述了一些令人难忘的项目，如收养北极熊或开展无垃圾午餐活动。这些谈话不仅让高年级学生有机会回顾他们的学习，而且还为奥巴赫和考德威尔的学生提供了一个引人入胜的切入点，让他们思考他们如何能够有所作为。

老师们注意到，他们现在的学生热衷于谈论天气及其对农民的影响。“孩子们注意到，他们的家人在收割庄稼方面有压力。生长季节很好，但雨水会影响庄稼收割。”奥巴赫说，“孩子们可以看出，农民的日子很难过。”

然后，学生们开始集思广益，思考他们可以如何提供帮助。这一活动产生了一系列可能的解决方案。一些学生建议自己帮助收割庄稼，另一些学生则设想举行募捐活动来帮助农民家庭。在对学生们提出的各种想法进行投票后，各班最终确定了举办“农民感谢日”的想法。

“当你让学生有机会思考如何对自己的社区产生影响时，他们就会表现出惊人的观察力，”奥巴赫说，“然后再问他们想如何行动，这就是培养优秀公民的做法。”

从9月（产生项目构想）到11月（特殊日子到来），学生们参与了各种学习活动。奥巴赫毫不费力地将学习目标映射到项目中。“在社会研究中，有很多课程可以促进我们与社区的联系。对于语言艺术，我们可以阅读程序文本（例如食谱），以及写邀请函（给真正的观众）。”数学问题解决策略也将以多种方式发挥作用。奥巴赫说：“我知道我可以以一种有意义的方式实现这些目标，让学生产生求知的欲望。”

规划农民感谢日也提供了增强团队合作的机会。“有时候你需要直接给出示范——你坐在别人旁边一起工作，这就是共同工作的样子，”奥巴赫说，“如果事情进展不顺利，我们也会讨论原因。尽管学生还很年幼，但他们通常知道哪些事情不利于团队合作。他们可以思考下一次如何采取不同的行动。这些协作和团队合作技能与学生正在学习的内容知识一样重要。”

当奥巴赫看着学生们一起为农民感谢日做计划、做准备时，她反思了这种真实项目与小学年级常见的主题教学之间的区别。“通过项目，日常学习活动自然地联系在一起。学生们可以自己指导自己的学习。作为老师，你正在以一种真实的教学技巧教授课程。”老师在整个项目中积极教学和评价。“但整体都是学生的工作，而且学生已经掌握了，”奥巴赫说，“这不同于你向学生说‘这个月我们要做一个农业主题’，然后试图让学生为此感到兴奋。最初的问题——我们如何向农民致敬？——来自学生自己，这会让学生有更高的参与度。”

例如，在这个项目中，奥巴赫单独评价了学生的程序写作。每个学生选择一个主题，用图形组织工具来规划、写草稿、与老师开会讨论如何写作，然后在制作最终作品之前进行改进，写作还要求文本和插图相结合。

当这个重要的日子终于在11月到来时，学生们已准备好迎接他们的贵宾。他们用海报和艺术品装饰了教室，亲手制作南瓜饼干（他们用的巨大南瓜是别人为该场合特意捐赠的），制作了一段视频，并设计了音乐娱乐活动。宾客人数几乎是学生的两倍。

“来了这么多农民，真是令人吃惊，”奥巴赫说，“我们的学生花时间思考为什么他们以及他们的工作对社区很重要，这对农民们来说很有意义。”学生们对成年人的反应同样感到满意，这提醒了奥巴赫，为什么拥有真实的观众对于高质量的PBL如此重要。“知道有人看到你正在做的工作是很有力量的。你不是因为老师的要求去写故事或邀请函，而是因为你想让别人享受你正在创造的东西。”

如何扩展这个项目：

为了让该项目进一步提高更大年龄学生的识字能力，可以考虑让他们制作一本书或视频纪录片，提高他们对社区问题的认识。寻找机会将服务学习也纳入其中，让学生反思他们通过与社区互动所学到的东西。

美好的社区

项目类型：解决现实世界的问题

驱动问题：我们如何设计一个更和平的社区？

年级和科目：小学/早期小学；识字，社会研究

当学生之间的小冲突从操场转移到课堂时，一年级老师团队将这一问题延伸成了探究的机会。

贝斯·洛佩兹（Beth Lopez）、格伦达·福吉（Glenda Forgie）和弗伦尼·达斯图尔（Freny Dastur）是印度孟买一所小学的一年级教师。他们设计了美好的社区项目，培养学生解决问题的能力，并完成年级学习目标：关注社区作用的社会研究。

为了给年轻学习者提供探究经验，老师向学生介绍了设计思维的过程。用于各种行业和教育的设计思维过程通常从同理心阶段开始：通过研究和接触受问题影响最大的人来理解问题。

在此阶段，学生们观察校园内和周围发现的冲突——这是一个微观社区。他们分析了收集到的数据，检测模式并查明最有可能发生冲突的位置，然后通过创建图表来分享他们的发现。通过他们的分析，学生能够将问题分为不同类型，例如小问题（学生应该能够自己解决）和大问题（可能需要成人的帮助）。

读写能力也发挥了作用。在朗读期间，学生们讨论了儿童文学中的冲突，并注意到不同的文学人物如何应对紧张情况。学生们也充分利用了听力和口语技能。例如，他们就和平学习环境的重要性采访了学校校长和其他专家。

当学生准备好提出可能的解决方案时，他们使用图形组织工具来捕捉他们的想法。学生根据以下三个提示组织文字、图片或二者的结合：

- 我们的问题是……
- 为什么这是个问题？
- 解决问题的思路

通过共享这些想法，学生们就可以选择解决方案的参照原型了。他们测试了一些改善社区的方法，包括签署和平游乐场行为的社区协议，以及解决取笑同学或不愿分享等问题。他们认为最有效的解决方案如果被整个年级采用，将会鼓励形成更积极向上的学习社区。

在该项目的最后反思中，老师们注意到学生和老师的参与度都有所提高。项目的收益是持久的，在项目结束后很长一段时间内，课堂文化都能得到改善。在会议期间，许多家长表示，他们的孩子甚至在家里都能更好地解决问题。

如何扩展这个项目：

使用设计思维过程让学生参与解决影响其校园的问题。例如，他们可能希望重点关注减少社区交通堵塞、扩大学校废品回收利用工作、增加家长参与或减少学校碳足迹等问题。结合数据收集和统计分析，增加数学内容，并在研究阶段培养学生的信息搜集能力。

甜蜜之家

项目类型：设计挑战

驱动问题：我们如何为底特律动物园设计栖息地？

年级和科目：小学高年级（四年级）；英语语言艺术，科学

当底特律动物园宣布计划耗资2100万美元建造一个专门保护企鹅的保护中心（配备一个室内观景区，让游客观看水鸟在水下探索）时，密歇根州诺维村奥克斯小学和迪尔菲尔德小学的老师们看到了一个机会——让四年级学生深入研究自己的栖息地。

他们设计了甜蜜之家项目，来完成阅读和写作以及科学方面的特定学习目标。此外，老师们也看到了技术整合的机会，让学生使用iPad研究并用照片和视频记录他们的调查过程。

为了增加项目的真实性，老师们联系了底特律动物园的一位教育专家亚当·杜威。他给学生写了一封详细的信，引导学生进入项目。在信中，他邀请学生与动物园合作设计动物栖息地模型。他强调了具体的设计标准，例如对动物福利、良好的游客体验和动物园管理员安全等因素的考虑。学生团队有机会选择他们感兴趣的物种，然后设计一个符合所有标准

的栖息地模型。

纳什维尔诺维社区学区的PBL协调员玛雅·李对学生在该项目中的探究深度和批判性思维印象深刻。“他们把这提升到了另一个层次。他们不仅考虑捕食者/猎物的关系、生命周期和生存能力，还考虑动物园展览的建筑。”她说。学生们知道了动物园将捕食者与猎物分开管理是为了维护动物园管理员的安全这一幕后情况，“园里有动物无法逾越的战壕和障碍，但作为动物园游客，你看不到这些。”

在学生们制订他们的栖息地计划时，李可以看到他们的批判性思维和创造力得到了锻炼：“他们开始问一些问题，比如如果一只动物能跳这么远，围栏或障碍需要多高？”一些学生设计的展览着重于为残疾游客提供无障碍环境。一位女孩在她的展览中添加了瀑布元素，李说：“她将其设计成一种净水功能，既能造福动物，又能让游客赏心悦目。她意识到这种看起来很酷的展品会吸引游客。”

在修订过程中，老师和外部专家给学生提供了重要的反馈，帮助他们改进计划。例如，一名学生的阿姨恰好有在动物园工作的经验，她同意提供建设性的反馈。老师要求学生既要忠实于动物的栖息地需求，也要添加吸引人们注意他们展品的因素。

这让学生们开始思考颜色、艺术品和其他元素的使用。“他们开始像建筑师和室内设计师一样思考。”李说。学生们撰写了关于他们的栖息地设计的信息文本，解释了他们设计的科学依据，并展示了他们对生态系统的深入理解。

在高潮活动中，动物园的教育主任前来听取学生的演讲。他就他们设计决策背后的思考提出了详细的后续问题。如果有家长不能亲自参加，也有机会观看演讲。老师们通过Adobe Connect直播了演示文稿。一些团队还向学校的家长老师组织介绍了他们的项目。

“父母们说他们没有意识到自己的孩子那么有创造力，”李说，“他们可以看出孩子们的创造性思维。”（你可以阅读第162页有关诺维社区学校为PBL培养老师领导力的方法的案例研究）

如何扩展这个项目：

与年龄较大的学生一起，通过让学生采访技术专家（例如建筑师或动物学家），了解他们的职业来扩大职业探索机会。通过让学生针对他们的提案制作详细的预算来培养数学能力。通过让学生分析濒危动物园物种原生地区的栖息地丧失来整合地理知识。

附录B：项目快照（小学高年级/初中）

独一无二的伊凡全球项目

项目类型：就问题表明立场

驱动问题：我们是否有权捕捉和笼养动物？

年级和科目：小学高年级/初中（五年级）；英语语言艺术，社会研究

来自巴尔的摩弗兰兹学校的五年级老师海蒂·哈奇森（Heidi Hutchison）在参加一个教育会议时突然想到了一个合作项目。她想知道，如果来自不同社区的学生阅读同一本小说，然后通过分享他们的想法，共同创作一本新书，会发生什么？她设想了一个数字写作项目，该项目将结合技术并培养学生的全球能力，同时达成语言艺术的学习目标。

哈奇森选择凯瑟琳·艾波盖特（Katherine Applegate）的《独一无二的伊凡》（*The One and Only Ivan*）这本令人深思的小说作为该项目的锚文本。该小说讲述了一个关于圈养大猩猩的虚构故事。这种具有真实感的小说能启发读者，伊凡也为读者提供了一个情感挂钩，让他们批判性地思考复杂的动物权利问题。

哈奇森建立了一个描述该项目的网站。她将她的想法发布在一个名为“全球课堂项目”的协作网站上，并分享了她的个人学习网络链接。不久之后，五个不同地方的老师加入了该项目（还有更多人表示了兴趣）。参与者同意让他们的学生回答同一个驱动问题：我们是否有权捕捉和笼养动物？他们还让学生阅读同一本小说，写出基于研究的文章，并与公众分享作品。更重要的是，学生们将有机会通过捐赠他们合作编写的数字图书的销售收益来帮助动物权利组织。

哈奇森说：“我想让这个项目继续发展，看看其他班级是否有兴趣回答同样的驱动问题。”她制定了反映黄金标准项目设计框架的项目。她还准备了有助于培养学生背景知识的视频和读物，例如对作家凯瑟琳·艾波盖特的视频采访和《国家地理杂志》描述濒危野生动物的内容。为了模拟最佳实践，她记录并分享了她的学生在开始该项目时需要知道的问题。

哈奇森还借鉴了她之前在PBL方面的经验，包括之前完成的一个涉及女孩接受教育权利的全球项目。“我知道伊凡这样的项目会教写作，”她说，“但我也想利用该项目促进学生对数字公民和全球公民的理解，培养他们对来自不同背景的人的同理心。”学生们发现，关于动物权利的许多问题没有明确的正确或错误答案，这促使他们更深入地研究并批判性地思考从宠物所有权到栖息地丧失的一切。

在伊凡项目的背景下，哈奇森发现项目有足够的空间根据学生的需求来区分教学。“只准备进行简单研究的学生可以写一篇关于一个特定物种的文章。但是那些准备深入的学生可能会遇到更复杂的问题。PBL为差异化提供了天然的契合，所有学生都有机会通过项目体验成功。”

到春天时，所有参与班级都完成了内容的起草和润色——足够制作一本250页电子书的原始材料。

哈奇森承认，协作写作过程“有时很混乱，因为学生们不断地修改”。但她补充说，学生们有动力去尽力而为，因为他们知道他们的电子书会面向公众。“学生们意识到他们的书涉及一个重要的问题，会对公众产生教育作用，这就是一个强大的动力。”当这本书准备好以电子方式出版时，所有参与项目的学生举行了一次Skype讨论，讨论本书的收益应该用于支持哪个组织。他们选择了世界野生动物基金会。来自犹他州的罗宾·法恩斯沃斯老师创建了一个Facebook页面，帮助宣传合作成果。“然后她的学生决定编一首歌来宣传这本书。这个项目已经有了自己的生命，”哈奇森说，“当学生拥有所有权时，项目就变得如此丰富。”

如何扩展这个项目：

通过选择不同的文学作品作为共同的阅读内容，使这个项目适合年龄较大的学生。要培养全球能力，请考虑让来自不同地理位置的学生通过Google Hangout、Skype或其他远程平台在同一项目团队中进行协作。

癌症

项目类型：进行调查；设计挑战（活动）

驱动问题：我们如何支持癌症研究？

年级和科目：小学高年级/初中（五年级）；科学，英语语言艺术

田纳西州纳什维尔的杜邦哈利中学的细胞研究发生了翻天覆地的变化。当时一名五年级学生分享了她作为癌症幸存者的故事。茜茜·柯林斯3岁时首次被诊断出患有脑癌。步入中学时，她已经接受了手术、6轮化疗

和12周的放射治疗，现在已经痊愈。

茜茜勇敢的经历让她的同学们对人类生物学和医学研究产生高度的兴趣。帕梅拉·纽曼老师利用学生的兴趣设计了一个符合科学、英语和技术学术标准的项目。通过该项目，纽曼希望学生研究一个真实的问题，确定可能的解决方案，并与家长和其他社区成员分享他们的发现。在项目过程中，茜茜和她的家人同意分享他们自己的故事。

学生们接受了挑战，然后在项目过程中又迎来新的挑战。在教育他人的同时，他们为正在接受癌症治疗的人们带来了关注度和资金支持。随着项目的展开，学生们对植物和动物细胞进行了深入研究。为了更多地了解癌细胞以及它们与正常细胞的不同之处，他们通过范德比尔特大学的一个项目与科学家取得了联系。范德比尔特科学推广中心的专家为学生们提供了复光显微镜等设备。

为了打造项目的高潮活动，所有五年级学生联手计划筹款活动，造福纳什维尔的小门罗·卡瑞尔儿童医院。学生们将数学、识字和协作用于真正的活动，他们准备了一场丰盛的意大利面晚餐，并邀请了学校社区的成员们。来宾通过探索学生根据他们的研究创作的展品和演示文稿，了解了癌症研究和治疗。茜茜也分享了自己的故事。

结果是儿童医院获益1,300美元，以及各位学生和来宾收获了充满科学和同理的持久理解。

如何扩展这个项目：

寻找机会让学生就可能影响学校社区成员的各种健康问题向公众开展教育。例如，学生可以通过举办健康博览会、推广健身活动、制作公共服务公告或与医疗保健提供者合作提供营养咨询来应用他们的研究。

拥抱变革

项目类型：解决真实问题；设计挑战

驱动问题：作为电影制作人，我们如何鼓励社区进行回收利用？

年级和科目：小学高年级/初中（五年级或六年级）；英语语言艺术，科学

加利福尼亚州埃尔克格罗夫的居民在回收和再利用家居材料方面做得很好，这在很大程度上要归功于福克斯牧场小学的学生。通过一系列视频项目，学生们向社区宣传了回收的整个过程。

吉姆·本特利（Jim Bentley）老师从五年级升到六年级“循环”教授同一批学生，其间他发现视频项目为学生提供了一种强大的方式来发展学术理解，同时也为培养学生的公民素养发挥积极作用。几年前，他开始将电影制作作为社会研究项目的一部分，重点关注政府和公民身份。他发现制作电影为学生提供了一种引人入胜的方式来培养他们作为作家和批判性思考者的技能。学生也有理由深入研究内容，为他们的作品探索信息。此类探索可能涉及传统研究，包括具有挑战性的非小说类阅读以及与专家的访谈。

其中一位专家最终邀请本特利的学生为该市的综合废物管理部门制作了一个教育视频。当时，埃尔克格罗夫市（Elk Grove）正准备启用一个价值数百万美元的回收设施，并且需要教公众如何安全地处理危险的家居材料。该项目负责人曾与学生讨论他们调查过的涉及学校电池回收中心的项目设想。出于安全考虑，她无法批准该提议。于是她邀请学生制作一部以这座城市为客户的教育影片。

那次邀请确定了一个长期项目。学生们经历了多轮的剧本修改和数小

时的拍摄，满足5分钟剪辑的严格要求。“六年级的学生有时动作比政府还快，”本特利说，“该项目没有在学年内完成，这意味着面临六年级的毕业学生不得不把他们的项目交给即将到来的五年级学生。”

“他们传递了火炬，”本特利说，“我在新学年开始时举办了一个入学活动，与全班同学分享，‘去年的学生通过这部电影走到了这一步。他们需要你来完成它。’”他说，这个项目成为一种传承，“一种从孩子们传给下一届孩子们的东西”。该项目的成功引发了来自该市的更多请求以及学生们自己提出的更多电影创意。本特利的学生继续制作回收指南视频，发布在城市网站上。他们在公共服务公告的作品中有更多的想法。

本特利继续将电影项目纳入整个课程。每个项目都强调语言艺术。在涉及环境科学和行为改变的项目中，学生经常需要阅读和分析复杂的文本。当学生在评价资料来源的可靠性和准确性时，批判性思维是非常重要的。“写作对剧本创作和故事板制作非常有用。”他说，“很难想象孤立地教授阅读或写作。”根据电影的主题，项目也可能涉及科学、数学或社会研究标准。

在一个独立的教室里教学，本特利能够用大块的时间来安排一天的工作，这很适合综合项目。他说：“我发现，学生们做了更多的深度思考。他们更愿意问为什么，有深刻的好奇心，而不是浅尝辄止。”

这并不是说项目总是进行得很顺利。“我们有一些巨大的失败。”这位老师承认。“我在年初就告诉学生，这将会很困难。谈及勇气，我告诉他们，他们提出的一些项目想法可能涉及阅读复杂的东西——他们写的内容面向成年人，而不是六年级学生。然而，即使面临最多困难的学生也告诉我，比起阅读教科书和做作业，他们更喜欢这种学习方式。他们愿意受挫，”他补充说，“如果他们有机会做真正的事情，他们就会愿意受挫。而且他们喜欢大人认真对待他们。”

同时，想要更深入了解电影制作技术方面的学生可以在正常上课时间之外继续进行项目工作。本特利和他的学生已经成立了福克斯牧场电影学院，并会在课后开会。这让感兴趣的学生有时间学习编辑和特效，把正常的上课时间留给电影项目的学术方面。学生们在YouTube频道上发布他们的视频《关于好奇心的电影》，这为他们的项目提供了其他受众。

如何扩展这个项目：

如果你只教某一门课，你需要寻找那些愿意在像这样的跨学科项目上合作的学生。帮助高中生了解为真实客户做项目如何满足他们对真实性学习的要求。

系统思想家

项目类型：解决现实世界的问题

驱动问题：我们学校的废物管理系统是什么，如何改进？

年级和科目：小学/初中高年级；环境科学

澳大利亚克雷斯特米德圣弗朗西斯学院五年级老师内森·穆赫恩（Nathan Mulhearn）希望他10岁的学生意识到，他们有潜力成为明天的变革推动者。为了将他们的创新策略应用于现实生活中，他设计了一个项目来升级学校过时的废物管理系统。

作为引入活动，学生们在校园里散步并观察。一些学生注意到了垃圾，这引发了关于垃圾箱位置的讨论。当穆赫恩引入“废物管理系统”这个词语时，学生们想知道这意味着什么，于是他们开始了调查。

学生们提出了一个驱动性的问题，我们学校的废物管理系统是什么，我们如何改进它。对穆赫恩来说，这个问题满足了几个要求：它涉及科学和地理的内容标准；它整合了创新和创造力；它涉及真实的目的和受众，因为此时学校致力于升级废物管理系统。

学生们组队工作，开始研究校园垃圾的现状。他们收集了每天送往垃圾填埋场的垃圾数量数据，还调查了全球垃圾问题。然后，他们扩大了研究范围，了解可以减少固体废物的可持续发展战略。一通Skype电话将他们与一位来自美国的可持续发展专家联系起来。

学生团队进入了想法生成阶段，准备应用他们的理解。穆赫恩和他的教学伙伴贝琳达·丘菲泰利（Belinda Ciuffetelli）鼓励学生批判性和创造性地思考潜在的解决方案。为了鼓励反复测试和改进想法，老师提醒学生iPhone等成功的商业产品都经历了多个版本。“他们第一次也没有做到完美。”穆赫恩说。

两个班有56名学生，老师们发现谷歌文档等工具有助于项目组织，也有助于捕捉学生在整个项目中的反应。当学生们积极参与该项目时，老师们在教室之间打开了一堵可移动的墙，鼓励实时协作。

学生们向两轮听众介绍了他们提出的解决方案：首先，向同龄人和老师介绍；其次，在学校庆典上向家长和学校管理人员致辞。学生们回答了一系列问题。他们解释了他们是如何得出自己的想法的，如何实现特定的想法，以及他们提出的解决方案可能需要多少实施成本。

穆赫恩说，这个项目对学生来说很有意义，实现了教育目的。最后，毫无疑问，学生们认为他们正在解决一个真实的问题。家长委员会同意为学校即将建立的这个废物管理系统提供资金。

如何扩展这个项目：

注意与学校新建工厂有关的举措，并发挥未来建筑项目的学习潜力。例如，如果你的学校正在更新供暖系统，让学生调查太阳能电池板或其他替代能源的潜力。有价值的项目想法不必涉及重大支出。例如，学几何的学生可能会建议如何重新设置停车场的管道，以最大限度地减少潜在的剐蹭事故。小学生可以用文字和图片来记录建筑项目随着时间推移而发生的变化。

购房人

项目类型：设计挑战

驱动问题：作为数学家，我们如何计算翻新房屋所需的材料？

年级和科目：中学（七年级）；几何，前代数

罗西娜·博雷洛（Rosine Borello）和珍妮弗·李（Jennifer Lee）是中学七年级的数学教师。她们在设计项目时考虑到了现实的问题解决方法，从而获得了足够的灵活性。

他们的学生开始期望数学课能与他们的生活联系起来，无论这意味着修改食谱还是平衡预算。博雷洛说："从来没有学生问我们，'为什么我们需要学习这个？'我们把我们所教的一切都与职业、生活技能和他们在生活中必须解决的问题联系起来。我们听到他们讨论数学，就好像他们是迷你建筑师、工程师或厨师一样，这令人振奋。"

翻新房屋就是他们的学生通过数学视角解决的问题之一。受电视连续剧《购房人》（*House Hunters*）的启发，他们设计了一个项目来计算家庭

装修的预算。他们的朋友恰好在谷歌工作，为学生的期末演讲提供了真实的公众听众（并分享了科技行业的职业见解）。

对于该项目，学生团队的任务是准备蓝图并进行一系列计算。学生们承担着不同的责任，就好像他们是竞标工作的分包商一样。例如，被分配在家里安装踢脚板的学生必须以线性英尺为单位计算所有房间的周长。负责厨房改造的人员必须计算出他们计划安装的橱柜的体积。油漆工必须准确计算外墙和内墙的面积，并考虑到窗户的开口。“通过设计一个家，我们把一切内容都教授了，周长、面积、体积等。”每个分包商准备单独的标书，然后与团队成员合作编写必须保持在特定限制范围内的总体项目预算。

购房人项目持续了数周，包括向小组进行的最终演示。这期间老师们将成熟的PBL与短期问题交替进行，有些问题可能只持续几天，而且通常不涉及观众。例如，比较老师汽车的燃油效率或修改最喜欢的食谱以满足众人的需要。

无论范围如何，日常学习体验都是一致的。“我们用问题来推动我们的课程。”博雷洛解释道，“在较长的项目中，这些问题都与同一个驱动问题有关。较长的项目由一系列较小的相关问题组成。”

他们还与学校的语言艺术团队密切合作。“我们期待语言艺术老师帮助我们搭建数学写作任务，”李说，“通过合作，并在可能的情况下引进外部专家，我们试图让项目尽可能丰富。以PBL为重点重新构想数学需要时间，但当你看到学生对学习数学感到兴奋时，一切努力都是值得的。”博雷洛说。

如何扩展这个项目：

通过分析特定社区的房价，判断哪些改建和装修可以为房屋增加最大价值，从而为高中生改编购房人项目。或者考虑在改造任务中增加成本要求，让学生计算投资需要多长时间才能收回成本。还可以要求学生开发其设计方案的3D模型来集成技术，或者要求他们根据特定约束条件重新设计整个社区。

内战技术

项目类型：进行调查

驱动问题：技术是如何改变内战的？

等级和科目：中等（八年级）；美国历史

历史老师乔迪·帕萨尼西（Jody Passanisi）和莎拉·彼得斯（Shara Peters）希望她们的八年级学生记住的不仅仅是内战的关键战役。帕萨尼西说："对我来说，内战重要的是它塑造了美国人的心理和文化。这对八年级学生来说可能有点难度，但他们可以看到内战期间发生的事情在今天仍然很重要。"

她们俩作为教学和写作合作伙伴设计了一个项目，让学生追踪内战技术的持久影响。帕萨尼西说："技术是有形的，学生们可以看到其应用和影响。"更重要的是，彼得斯补充道："我们的孩子生活在一个每天都有发明的时代。他们的生活与技术息息相关，这对他们来说不是一个陌生的概念。"

为了启动她们多次教授的内战项目，老师们让学生将当今的技术与过去的发明联系起来。彼得斯解释道："我们可能会让他们集思广益，讨论当今用于战争和国防的技术。他们会快速写下技术在战争中的作用。"

老师们还分享了历史频道《现代奇迹》（*Modern Marvels*）的视频片段，展示了内战期间首次亮相的各种技术的例子。帕萨尼西说："他们开始意识到，通过技术来看待战争有很多方法。"

引入活动为老师们介绍这个驱动问题奠定了基础：技术是如何改变内战的？在开始调查过程前，学生们根据共同的兴趣组成项目团队，例如与医学、通信、交通甚至食品相关的技术。帕萨尼西说："今年（2014年春季），我们将食物作为一个类别，这非常受欢迎。"学生们惊讶地发现，锡罐是当今即食食品的前身，是内战期间保证士兵营养的创新之一。

学生应研究他们的主题，并参考主要和次要来源。团队向同学展示他们的作品，以拼图的方式相互教授内战技术的各种影响。学生有很大的自由度来决定他们的最终作品，但他们被相同的准则来评价。彼得斯说："他们可能会选择制作船模型、写歌或制作工作电报，但无论他们的产品采用何种形式，都需要美观、全面、可共享，并与深刻的理解联系在一起。"

当代技术的进步影响了学生对过去的解读。学生们使用3D打印来制作内战武器和军舰的小型复制品。有一个团队制作了自己的电报机，能够在教室之间传输信息。这个团队的毅力给帕萨尼西留下了深刻的印象，在通往成功的道路上展现了克服障碍的能力。他们的经验很好地提醒她，在强调创造力和创新的项目设计中，留出时间进行反复的反馈和修改，通过试错进行学习是很重要的。

帕萨尼西和彼得斯表示有两位教育工作者塑造了她们的PBL方法。其中一位是作家兼教育顾问加里·斯塔格（Gary Stager），她在几年前领导的一次研讨会上帮助加深了她们对PBL的理解。

对帕萨尼西来说，在她从事教学生涯的十年里，逐渐转向PBL是一种自然的演变。“当我开始教学时，我的主要关注点是建构主义。当时，‘项目’没有被认真对待。随着我对PBL的了解越来越多，我发现它是非常不同。PBL提供了一种实现建构主义的方法。它为学生驱动的学习提供了一个重点，”她说，“我们并没有告诉学生，‘以下是内战期间发生的重要事情’。相反，我们允许学生自己去发现（关键知识和理解）。”

彼得斯持有相似的观点并非偶然。她在帕萨尼西的教室里教自己的学生。从那以后，这两位教育家一直在合作并拓展彼此对PBL的理解和实践。

（直到最近，两人都在南加州的同一所私立学校任教。彼得斯最近换了一份新工作，但她们计划继续在项目上合作。）彼得斯说，“从教师准备阶段开始，她就被黄金标准PBL的许多指点所吸引，例如真实性、批判和修订以及学生驱动的探究。对她来说，这些原则从成为老师那天起就伴随着她。”

教学团队多次使用同一个内战项目构想，每年都会对其进行修改和更新。“我们每一次做都有进步。”彼得斯说，“她们最后一次做这个项目时，几个学生使用Twitter与内战专家联系。老师们希望在未来扩大社交媒体的使用，并考虑通过在线出版将学生与更广泛的受众联系起来。”

最近的一项修改是增加更多的辅助工作来帮助学生管理学习。例如，帕萨尼西设计了一个简单的清单，提醒学生从研究和资源评价到产品开发再到制作演示文稿的过程步骤。她承认“给学生参数和指导方针，但不妨碍他们的创造力”之间存在紧张关系。“在自主性方面，我总是试图在放松和紧张之间控制这种紧张关系。”简单的项目工具，如关键作业的截止日期，可以帮助学生管理自己的学习。“看到他们掌控自己的时间真是太棒了。有了合适的辅助，他们知道自己有掌控的自主权，也知道自己必须要完成的内容。”

帕萨尼西有意为学生提供广泛的学习体验，但并非所有这些都是PBL。技术项目之前的单元是对内战原因进行更传统的研究。这建立了学生的背景知识。她说，“当他们进入技术部门时，他们已经有了一些历史背景。他们已经做好了准备，并取得了进展。”

如何扩展这个项目：

将技术发展的主题与广泛的其他内容领域联系起来，如人文地理、科学、文学或媒体素养。

附录C：项目快照（高中）

自由战士

项目类型：探索抽象问题；设计挑战

驱动问题：我们如何表彰挺身而出的社区成员？

年级和科目：高中；人文学科（跨学科、英语语言艺术和历史）

俄勒冈州波特兰市罗斯福高中的一位名叫胡里奥的学生在大一开始时做了一个项目，“这是我不太感兴趣的课堂要求。到最后，它改变了我的生活，打开了新世界”。

作为一个跨学科的人文学科项目，自由战士项目向学生们提出挑战，让他们揭露社区中为社会正义而发声的个人故事。学生们采访这些无名英雄，写关于他们的文章，并将他们最好的作品汇编成书。在这个过程中，他们磨炼了自己的写作技巧，并了解了民权运动的历史。然后，他们制作博物馆级的展品，并将其带到社区中，就有时难以理解的话题进行对话，其间有效利用他们的沟通技巧。

自由战士项目始于夏季写作体验，旨在扩大学生在社区中的发言权。历史老师乔治·毕晓普（George Bishop）和英语老师肖恩·斯旺森（Shawn Swanson）这两位九年级的老师在他们一起教授的人文课上开展了自由战士项目。这一项目刚开始时有90名学生参加，一年后有120名新生参与该项目。

斯旺森解释道："我发现这个项目能够完成共同核心国家标准提出的目标要求。学生在准备面试时获得收集信息的经验，并在撰写和修改论文时运用信息写作技能。"

但这个项目不止于此。"学生们从他们听到的故事中获得了灵感，但光有灵感是不够的。"斯旺森说，"我告诉学生，你们要成为下一个自由战士。"在项目的最后阶段，他让学生"选择一个贴近你内心的问题，并就此写一篇演讲"。在这个过程中，学生学会了提出令人信服的论点，并用证据支持自己的论点。

例如，胡里奥写了一篇关于移民和种族的演讲稿，内容强而有力，他还向广大社区观众发表了演讲。他受到了他参与的自由战士项目启发。在他的项目中，这位自由战士是当地一位非营利组织领袖，他促进跨文化交流，帮助移民家庭了解他们的权利。

胡里奥不仅收获了作为一名演说家的自信，而且获得了对这一现实问题的深刻理解。他承认，有关移民、种族和成绩差距的问题很复杂，"但对我来说变得更简单了。我现在有了更清晰的看法。我对事情发生的原因和后果有了更好的理解。我能看到别人的观点。我明白我在做什么，我要去哪里"。

强调服务学习的项目自然会鼓励反思。例如，一位名叫莱蒂西亚的学生在采访一位社区领袖时，反思了自己作为年轻人的生活。这名妇女告诉莱蒂西亚，在童年的大部分时间里，她都无家可归，但她设法实现了帮助他人的目标。这引起了莱蒂西亚的共鸣，她有六个弟弟妹妹。“我试图引导他们，激励他们。我希望他们得到最好的。”她说。一位名叫汉娜的学生补充道，因为学生们想公正地对待他们听到的故事，他们投入了“大量的时间和精力”。“这不像读课本和做笔记。这是真实的生活。”

拥有真正的观众来欣赏他们的作品是自由战士项目成功的关键。自该项目开始以来，已有3000多人在从美国国家历史学会到教堂再到大学校园的各种场合观看了自由战士的展览。这种曝光使项目被更多人看到，这有助于项目的持续发展。被公认为自由战士的社区成员已经成为该项目的支持者，他们提名其他有故事值得被讲述的人，并在学校和社区之间建立更牢固的联系。

如何扩展这个项目：

寻找在整个课程中连接口语和写作技能的机会。例如，让学生向公众展示他们的科学研究，或者制作一个博物馆式的展览，让社区成员了解他们调查过的问题。通过使用建议的问题启动工具或访谈指南搭建研究过程，使项目适合年轻学生或英语学习者。

高尔夫球场

项目类型：设计挑战

驱动问题：我们如何利用几何知识来设计具有挑战性的微型高尔夫球场？

年级和科目：高中；几何、技术整合

在离纽约伦斯勒科技谷高中不远的一个室内微型高尔夫球场，大一和

大二学生手里拿着卷尺和量角器在人造草坪上测量着什么。当他们通过各种击球尝试使高尔夫球越过桥梁和绕过障碍物时，他们会注意到在尝试斜坡击球或双斜坡击球时发生的情况（用数学知识来解释）。这是他们参加的一个项目的引入活动，在该项目中，他们需要运用几何知识来设计一个具有挑战性的微型高尔夫球场。

数学老师杰森·欧文（Jason Irwin）从工程学转行，他定期设计项目，帮助学生将数学概念与现实世界的应用联系起来。当学生们需要设计自己的迷你高尔夫球场时，他们就意识到这些联系。为了增加挑战的真实性，高尔夫球场所有者扮演了客户的角色。“他告诉他们，这个基础高尔夫球场已经运营25年了。他想要一些新设计来吸引业务。”欧文说。在项目结束时，学生们会向他推销他们的设计方案。

回到课堂上，欧文和他的学生更详细地讨论了这个项目，并一起制定了一个问题陈述。用学生的语言陈述问题，并定义了学生所扮演的角色（在本例中是迷你高尔夫球场的设计师）和任务的目的（帮助我们的客户，即高尔夫球场所有者，为客户创造良好的体验）。“它定义了项目的内容和原因。”欧文解释道。老师还分享了他自己的项目驱动问题，该问题明确侧重于数学内容目标：我们如何利用三角形及其特性设计一个微型高尔夫球场？

接下来，欧文邀请学生提出可能的高尔夫球场主题，然后根据共同兴趣将他们分组。在团队管理过程中，欧文让学生起草团队合同，阐明规范和目标。他还要求学生确定谁将承担与合作有关的具体角色。例如，他通常要求一名学生担任责任经理，跟踪过程和时间线，另一名学生负责管理文件和团队组织。他说：“这些合作角色有助于确保团队成员遵循流程并保持有序状态。”

在设计过程中，学生们开始产生和勾画出粗略的想法。他们互相评价对方的概念，并进行了几轮改进。因为欧文想强调特定的数学概念，他要求学生手工制作他们的第一个设计。他解释说："使用绘图纸会让他们掌握必要的几何内容。"

技术工具使他们能够进行3D设计。一些学生使用SketchUp，而那些掌握更多技术方法的学生则使用计算机辅助设计（computer-assisted design, CAD）软件。

该项目为创造性提供了充足的空间，同时也为特定的数学内容提供了条件。学生们加入了特效，使他们的设计对特定的观众更有吸引力。例如，一个团队以糖果乐园为主题，吸引年轻的迷你高尔夫爱好者，而其他团队则追求更多的未来主义或丛林主题的设计，以吸引不同人群。在项目结束时，学生们通过电子邮件将他们的最终设计以演示文稿的形式，连同一封有说服力的介绍信，发送给高尔夫球场的所有者。

迷你高尔夫设计项目是欧文多次使用的项目，但每年都有不同的社区合作伙伴。一些高尔夫球场的业主来到科技谷听取介绍，而另一些则喜欢审查书面提案。"每年都是不同的，"欧文说，"每年都有学生产生具有创造力的新想法。"

如何扩展这个项目：

通过让学生计算实施他们的设计所需的成本，并预测有多少商业公司可以支付改造费用，或者计算不同的改进融资方案，从而纳入更多的数学教学内容。如果你有创客空间或制作原型的工作区，还可以让学生按比例制作3D模型。

全球幸福，本地行动

项目类型：探索抽象的问题；进行调查；设计挑战

驱动问题：我们如何利用数据、创造力和社区来使世界变得更加幸福？

年级和科目：高中；英语、数字媒体、社会学

英语老师瓦莱丽·胡佛（Valerie Hoover）正在寻找一种方法，将她的学生对美国经典戏剧《我们的小镇》的阅读理解与他们自己家乡印第安纳州罗切斯特的社区服务联系起来。然后她听说了“全球幸福项目”，这是对幸福的探索，其中包括统计数据、全球意识和创造性的问题解决。“这个项目成了我们的跳板，”她说，“这个项目将文学研究、数字媒体和社区服务结合起来。”

胡佛与教数字媒体的雷切尔·哈塞尔比（Rachel Haselby）合作计划了这个项目。他们联手在罗切斯特高中教授一门名为“数字通信”的课程。

全球幸福项目由新技术网络设计，在2013—2014学年进行。该项目让全球200多个班级参与进来，回答了这一重要问题：我们如何利用数据、创造力和社区来使世界变得更加幸福？这个结构松散的项目提供了一个关于幸福的问题框架，以及支持学生调查的资源。然后，由每个老师来决定该项目如何结合学生的兴趣，满足特定的学习目标。

胡佛让学生进行了一项专门为全球幸福项目设计的关于幸福的调查，这一调查为该项目奠定了基础。“孩子们在寒假前做了这项调查。开学的时候，我们用（来自全球调查结果的）统计数据开始了这个项目。”他们使用在线数据分析平台汇编世界各地的调查结果。该平台使胡佛的学生能够按地理、年龄水平和其他因素检查统计数据。他们还能够只查看自己

社区的统计结果。胡佛说："针对人们（对幸福问题）反应的差异，我们进行了班级讨论并将讨论过程记录了下来，这些为幸福这个话题提供了基础。"

胡佛将该项目分为三个阶段：定义幸福、连接社区和回馈。

定义幸福。这项调查为学生定义幸福提供了一个自然的切入点。他们还观看了一部名为《快乐》的纪录片，探索幸福的科学含义。然后，学生们阅读了戏剧《我们的小镇》，并分析了剧作家桑顿·怀尔德对幸福的看法。

胡佛说，基于他们的研究和文献调查，学生们决定将下一步的重点放在与幸福有关的三个因素上：活在当下，回馈社会，与社区建立联系。他们对这个项目的驱动力问题直接引用了《我们的小镇》中艾米莉这个角色的台词。在第三幕中，她问道："有谁在活着的时候意识到自己正在活着？哪怕只有一分钟？"

连接社区。罗切斯特，就像《我们的小镇》的取景地格罗弗角一样，是一个小镇。胡佛说："学生们意识到，如果他们要与社区建立联系，他们需要了解更多。许多学生在这里生活了一辈子，但并不真正了解这个地方的历史。其实这是一个很酷的小镇。"

学生们选择了一个他们感兴趣的地方、人或历史上的一段插曲，然后写下简短的非虚构故事。学生们经历了作家的工作坊过程，写作水平有所提高。

胡佛说："他们希望自己的写作达到完美水平。"因为这些文章是面向公众的。学生们将经过润色的作文和照片一起发布到课堂网站上，并为每个条目创建链接二维码。然后，学生们给他们写过的每个地点写了一封信，解释了这个项目，并要求当地展示二维码。胡佛解释道："当人们在镇上四处走动时，他们可以扫描这些二维码，了解更多关于这个地方和它过去的样子。”学生们写了大约60篇文章，内容包罗万象，从用石头雕刻狮子的历史悠久的法院到被遗忘的墓地，甚至包括马戏团曾经来过的地方。

回馈。胡佛表示，她要求学生在项目的最后阶段选择一个当地的社区行动，扩大了自己在PBL方面的目标。“我从来没有做过这么开放的事情，”她说，“他们没有任何指导参数，我甚至让他们自己决定团队人数。一旦他们选择了社区行动，他们就要计算需要多少人才能完成。”

学生的反应超出了老师的预期。“他们想出了有史以来最好的主意！”六个参加4-H活动的男孩决定在县游乐场的马棚上作画。两名学生携手清理当地的一个公园。其他人在当地的小学做了关于如何防止欺凌等主题的演讲。一个团队受到TED演讲的启发，制作了一个“在我离去之前”（Before I Die）展板。社区成员可以在展板上写下他们对城市的期望。学生把展板粘贴在学校足球场这个受欢迎的聚会地点。为了鼓励人们反思他们的服务工作，胡佛让学生们制作照片期刊，记录他们的行动。

胡佛说，“尽管这个项目很庞大，但实际上课时间只花了大约三周。社区服务是在课外时间进行的。”

她说，利用PBL方法任教几年后，她对通过参与项目来实现学习目标感到更加自如。“作为一名英语老师，当我刚开始做PBL时，这方面对我来说是最困难的，”她如实说道，“后来我意识到自己并不用改变以前做的所有工作。”例如，当学生们阅读《我们的小镇》时，她让他们回答阅读理解问题，最后进行测试。“我仍然可以在PBL中融入许多传统元素。”

她说，通过项目教授英语的好处是，学生们“比回答我的问题更深入地理解文学。我比过去更多地融合了文学，因为学生们可以看到它与项目有关”。

在这个项目中，学生们还可以参与一个有趣主题的全球探索。参加全球幸福计划的学生们来自世界各地，他们都在同一天在推特上发表了他们的反思和见解。

如何扩展这个项目：

与数学老师联系，扩大此项目中数据收集和统计分析的机会。对于年龄较小的学生，选择合适的文学作品，探讨幸福的主题。

美国学生在法国

项目类型：设计挑战

驱动问题：尼古拉和他的朋友如何帮助一名美国交换生在学校融入他们的社区和法国文化?

年级和科目：高中；法语和文化，电影制作

唐·多赫拉（Don Doehla）是一位高中语言老师，他想为各个级别的语言学习者创造丰富的项目体验。当学生处于语言习得的早期阶段时，项目设计得相对简短。尽管如此，多赫拉希望即使是短期项目也能结合调查并接触到真实的受众。例如，新手可能会用文字和照片创作一个故事，向他人传授法语国家的生活。他们可能会为一家餐厅设计菜单，呈现他们选择的法语国家的烹饪传统，然后在公共网站上分享他们的作品。

当学生进入第三学年时，他们已经准备好接受更广泛的探究体验，这要求他们几乎完全使用目标语言进行交流。一个例子是一个名为“美国学

生在法国”的电影制作项目。

多赫拉通过向学生提出制作一部关于法国流行文学人物小淘气尼古拉的电影来启动该项目。在这个故事中，主人公是一个小男孩尼古拉。挑战内容（据称来自图书出版商）是把他想象成一个十几岁的孩子，要求学生创作描绘尼古拉和他高中时的朋友们的剧本和电影。

学生们在开始调查过程时，会考虑他们需要知道哪些问题，才能回答这个驱动性的问题：尼古拉和他的朋友如何帮助一名美国交换生融入他们的社区和法国文化？这个问题措辞谨慎，促使学生在对比法国和美国青少年文化时进行批判性思考。

学生四人一组，扮演电影制片人的角色。他们参考尼古拉的故事作为素材，然后发挥自己的创造力来塑造人物和情节转折。他们借鉴了法国电影制作的丰富传统，平衡叙事和对话。当他们选定一个法国城市，为此制作故事背景，将他们的想法与真实的地标进行对比时，就需要发挥自己的探究能力。通过不断修改，学生们改进了剧本，准备拍摄电影。

该项目的高潮活动是公开放映电影，活动邀请学生的家人和当地法语社区的成员参加。短电影通常持续8分钟到10分钟，也有一些在线观众。多赫拉与马提尼克、法国马赛和巴黎的法语合作学校建立了联系，这些地方的学生有机会在网上观看和评论这些作品。

在整个项目中，学生几乎完全使用目标语言进行协作和交流。他们进行协作写作和编辑，并使用法语进行几乎所有的团队讨论。多赫拉说，学生们从以前的项目中获得了足够的技术能力，因此不需要花太多课堂时间教授电影制作的技术。“一些学生用手机拍摄。其他人有使用iMovie的经验。弄清楚如何制作电影是他们探究体验的一部分。”老师解释道。如果学生需要有关视频制作的具体指导，多赫拉会为他们提供迷你课程。

多赫拉采用多方面的评价方法，确保他跟踪学生作为法语语言使用者和作家的成长过程。例如，在对最终影片进行团队评价的同时，学生们还参加了模拟脱口秀的个人表现评价。学生扮演他们电影中的一个角色，参与一场即兴对话。在另一项个人评价中，学生根据要求做出回应，以角色的身份给另一个角色写一封信或一封电子邮件。

通过同伴评价和自我评价，学生也参与他们自己的评价。多赫拉采用创造性的方法来评价批判性思维等关键成功技能。正如他解释的那样，“我不一定要按照批判性思维标准的所有要求来评价。我给学生提供了完整的规则，这样他们就可以了解批判性思维需要什么，并且随着我们的进步，我们一起决定六个标准中的哪两个是他们最感兴趣的。在他们的参与下，这些成为我评价的标准”。

如何扩展这个项目：

对于其他语言的类似项目，选择能够反映目标语言和文化的适当文献选集。如果学生不熟悉制作视频，可以考虑通过其他方式让他们展示自己的阅读理解，并将其用于某个目的，例如制作漫画书。

甜蜜的溶剂

项目类型：进行调查；设计挑战

驱动问题：如何利用化学知识来制作硬糖？

年级和科目：高中；化学

2013—2014学年，来自俄勒冈州纽伯格市纽伯格高中的几位老师组成了一个专业学习社区，以支持彼此对基于项目的学习的探索。对于资深化学老师卢安·李（Luann Lee）来说，这是她一直在寻找的机会，可以将科学探究实验室扩展为“为学生提供更开放的冒险”。

作为她的第一个项目，她将传统上流行的实验室活动——制作硬糖——修改为一个项目。她说：“这似乎是一个很好的机会，让学生们看到化学概念在现实世界中的应用。”她还希望，通过学习一些熟悉的东西，让自己有一点创造力，“当我们处理更具挑战性的工作时，学生们会更有信心”。

以前做糖果实验时，学习经验有限。“我们过去只是简单地给学生一份食谱，让他们带上糖和香料来制作糖果。这很有趣，而且我们会在制作糖果的过程中观察现象，并提出开放式问题。”作为一个项目重新考虑，糖果制作成为学生研究溶剂科学以及化学工作内容的一种方式。

李对该项目的目标要求很宽泛：我如何利用我在化学方面的经验，学会批判性思考、有逻辑的沟通，为大学和职业生涯做准备？更狭义地说，她还希望学生能够证明：我如何利用化学知识来制作硬糖？

为了鼓励学生反思他们在整个项目中的学习，李让他们写了一系列博客文章。尽管有些学生有过为摄影课创建照片博客的经验，但博客对大多数学生来说都是新事物。“他们很快成为我们的常驻专家。”她说。博客侧重于展示学生的初步研究，包括溶剂方案、溶解度、关于硬糖制作的数据收集，以及溶剂方案在其他真实场景的应用等。为了鼓励学生在项目中发表意见，李让学生决定评价他们博客的标准。

为了培养学生对化学的理解，李计划了一系列与溶液和溶解度相关的学习活动。例如，学生模拟溶液过程，绘制不同离子和分子化合物在不同温度下的溶解度图，并使用图表和建模来解释不饱和、饱和和过饱和溶液。

这些活动帮助学生们学习，让他们能够在最后一天用本生灯和其他实验室设备制作硬糖。这一次，学生们不再像过去那样简单地遵循食谱，而是像食品科学家那样开展活动，进行观察、收集数据并证明他们的结果。“安全问题很严重，”李补充道，“学生们也知道他们必须配备化学防溅护目镜和实验室围裙。”

由于项目在寒假前结束，学生们有机会把他们的产品作为节日礼物带回家，并与真实的顾客分享他们的糖果制作经验。

如果李将来重复这个项目，她可以想象增加一个创业的角度，让学生为假日集市推销他们的商品。这些糖果已经在“向学生展示化学与现实生活的关系”的慈善活动上大卖了。“我们做糖果已经很多年了，”她补充道，“但从来没有如此精心地将其与溶剂科学联系起来。”

如何扩展这个项目：

按照李的建议，增加一个创业的角度。让学生制订在假日集市上销售硬糖的商业计划。让学生采访专业糖果制造商或其他食品科学家，了解化学在他们工作中的作用。

重塑中南部

项目类型：解决现实世界的问题；设计挑战

驱动问题：如何通过共同努力，重新塑造我们的中南部（洛杉矶）社区？

年级和科目：高中；地理，数字游戏南加州50平方英里的洛杉矶中南部的未来会是什么样子？奥古斯都·霍金斯高中下属的批判性设计与游戏学校的高中生正在通过一个名为“重塑中南部”的项目帮助回答这个问题。

在2013—2014学年的春季，九年级的地理系学生使用一个名为“社区计划”（Community PlanIt）的数字游戏和战略规划平台引发讨论，并就从土地使用到医疗保健，再到社会责任等企业的方方面面展开利益相关者对话。

对于马克·戈麦斯（Mark Gomez）老师来说，这个基于游戏的项目为他的学生提供了一个机会，让他们“重新理解什么是地理。这不仅仅是记住州府的名字。许多学生在完成这个项目后，对地理探究的重要性有了更深的认识”。例如，数据分析的一部分内容要求他们制作和分析地图。他们发现大家对社区的认识并不统一。一些居民形容他们的城市社区活跃、充满活力、富有创造力和教育意义；其他人表示，这里人口密集，充满危险和挑战。

学生们还了解了“严肃游戏”领域，其中游戏策略侧重于现实世界的问题和问题解决。“我们是一所游戏设计学校，因此让我们的学生设计自己的游戏也是很有意义的学习内容，”戈麦斯说，“通过严肃游戏的镜头，他们看到了游戏在娱乐之外的用途。他们也明白，即使是严肃游戏也必须有有趣的元素。这意味着学生要批判性地思考是什么造就了优质的游戏体验。”

对于这个项目，学生们与马萨诸塞州波士顿艾默生学院融合实验室的游戏设计师合作。这些专家使用游戏来研究提高公民参与度的有趣方法。戈麦斯的学生与他们合作制订了社区计划，邀请洛杉矶中南部的居民就他们的未来进行对话。

学生负责呈现玩家将看到的大部分内容。“他们提出了在线游戏的挑战问题、主题和媒体技术。”戈麦斯解释道。学生的贡献直接集中在驱动问题上：我们如何共同努力重塑我们的中南部（洛杉矶）社区？当学生调查这个问题时，他们有许多相关的问题需要回答。例如，什么是健康社区？如何让中南部社区更健康？哪些方面能真正起到作用？

与此同时，波士顿的游戏专家在技术后端工作，对在线平台进行编程，玩家可以在该平台上回答挑战问题。学生和他们的波士顿同行使用协作工具在整个游戏设计过程中进行交流。与专家的联系增加了该项目的科学性。“学生们知道他们的工作比取得成绩更重要。”戈麦斯说。

一旦游戏准备好发布，学生们就负责招募不同的利益相关者来玩。“将游戏推广到教室之外的任务落在了他们身上。”戈麦斯说。学生们制作传单并向教会团体、俱乐部、他们以前学校的朋友以及社区中的其他成员发出个人邀请。

在比赛直播的三周时间里，学生们也作为玩家参加了比赛。他们创造性地响应游戏提示（或游戏术语中的“任务”），例如，你的街坊有哪些优点？你住的地方如何影响你的生活方式？我们怎样才能改造街角的商店？你如何应对问题？你可以去哪里寻求帮助？“一旦他们开始玩游戏，学生们就会感受到我们创造的东西。”戈麦斯说。该游戏还提供了一种收集调查数据的新颖方法。“这比在Word文档中编写调查问题更吸引他们。这一切都是通过游戏的镜头完成的。”

学生在上十年级世界历史时将有机会重返游戏，因为戈麦斯也教授该课程。“我们将举办一个公众活动，表彰这些玩家。然后我们分析数据并将其用于基于行动的社区项目。”戈麦斯说。他表示，“能够快速生成大量数据的游戏具有巨大的学习潜力，可以让孩子们摆脱草率结论的习惯。他们需要学习如何分析数据并根据分析做出决策，这需要时间。使用游戏收集数据意味着我们可以花更多时间在分析和行动上，并利用学生的才能让他们的社区成为他们想象中的地方。”

如何扩展这个项目：

对于年幼的学生，考虑将项目重新定义为关于社区的棋盘游戏设计。将识字与适合年龄的阅读选择相结合，讲述特定社区的故事。

居者有其屋

项目类型：进行调查

驱动问题：拥有房屋的过程是什么？阻碍许多人追求房屋所有权的经济和社会障碍是什么？

年级和科目：高中（十二年级）；经济学，个人理财

对于居住在田纳西州纳什维尔枫林高中附近的许多家庭来说，拥有自己的房子就像是一个遥不可及的梦想。戴内特·麦克米利安老师想改变这种看法。在该校商业与消费者服务学院任教的麦克米利安说：“我个人对通过拥有住房来积累财富感兴趣。”“许多生活在这个地区的人不知道贫困循环和租房之间存在相关性。他们不知道拥有住房对生活有什么影响。”

这就是为什么她为十二年级的经济学学生设计了“居者有其屋”项目。麦克米利安曾在第五街银行度过为期一周的实习期，这期间她开始策划项目。老师外聘是纳什维尔大都会公立学校用来在学校和社区之间建立伙伴关系的策略之一（详见第175页关于该地区PBL领导层的案例研究）。

“我的大想法是帮助人们看到拥有住房实际上是可能的，”麦克米利安说，“我想，为什么不让一群学生帮忙思考你需要做什么才能买到房子呢？”

在该项目的引入活动中，学生们积极投入他们高中的一名应届毕业生的房屋建筑工地中。这名毕业生将是家里第一个拥有房子的人。她的成功故事引起了学生们的兴趣。这位年轻的女士同意回到高中，分享她关于个人财务的故事和见解。

引入活动结束后，麦克米利安介绍了她对该项目的驱动问题：拥有一套住房的过程是什么？阻碍许多人追求住房的经济和社会障碍是什么？这让学生们问了更多需要知道的问题，比如，我们可以做些什么来传播购房意识，鼓励我们附近的人拥有住房？

他们的问题为研究和分析与住房和利率相关的经济趋势奠定了基础。学生们还对同学进行了调查，收集当地社区住房拥有率与出租率的数据。对一些人来说，这个话题变成了私人话题，一些学生回家后向家人提出了一些尖锐的问题。“他们想知道，‘为什么我们不能拥有自己的房子？’”老师说。当学生们意识到，家庭可能会因为缺乏信息而面临信用评分不佳的问题时，他们就有动力分享自己所学到的东西。“我意识到，我在教孩子，孩子在教家长！”麦克米利安说。

作为该项目的下一阶段，学生们组织了社区教育活动。来自第五街银行的工作人员同意参加社区的开放参观活动，购房客户也分享了她对住房所有权的见解。

为了应用所学的东西，学生们还进行了一次买房的模拟。麦克米利安让他们根据他们计划追求的职业中预计的收入来填写贷款申请。学生们在第五街银行会见了贷款工作人员，并经历了整个审批过程。

麦克米利安说，一旦学生获得预先批准的贷款，“我们就准备去买房子了”。她聘请了一名房地产经纪人，与学生们一起在预算范围内挑选住房。学生们经历了整个销售过程，了解了成交成本、摊销和保险等其他因素。麦克米利安能够将这个项目与学生在数学中学到的东西联系起来。“数学和经济学之间有很好的跨学科联系。”学生们还制作了一段视频，记录了整个为期三周的项目中的学习情况。

“我喜欢那些有可能改变学生生活的项目，”麦克米利安说，“这是一个真实的世界。当他们毕业的时候，他们可以回过头来说，因为我高中时做的一个项目，现在我知道了如何做某些事情。”她补充说，特别是对于在高度贫困社区长大的学生来说，PBL的经历可以将他们与专家和学习经验联系起来，否则他们可能会错过这些。“我喜欢PBL改变生活的想法。”

麦克米利安于2004年开始教学，然后花了两年时间离开课堂去咨询一项服务学习计划。当她在2008年重返教学岗位时，她很快就接受了PBL。她认为深度学习的两个关键因素是反思和学生作品的公众受众。“这些部分通常在‘项目’中缺失，”她说，“但它们对PBL至关重要。”

如何扩展这个项目：

为学生寻找机会，在经济学和个人金融的其他应用中提供相关的社区教育，例如了解大学贷款、选择健康保险或避免信用卡债务。对于年幼的学生，寻找机会将数学内容与日常生活联系起来。借用麦克米利安与专家联系的策略，加强学生正在学习的内容在现实世界中的应用。

为什么学生不喜欢上学?

认知心理学家解开大脑学习的运作结构,
如何更有效地学习与思考

作者简介

1983年,丹尼尔·T. 威林厄姆于杜克大学获得心理学本科学位;1990年,他获得哈佛大学认知心理学博士学位;从1992年至今,他在美国弗吉尼亚大学担任心理学教授。其研究主要关注以大脑为基础的学习和记忆,主要围绕认知心理学在基础教育方面的应用。

作　者:[美]丹尼尔·T. 威林厄姆
出版社:中国青年出版社
ISBN　:978-7-5153-6708-8
定　价:59.90元

内容简介

本书作者以多种方式对认知科学进行了专业检验,将这些知识与教学实践活动结合起来,对如何学习和思考做出了清晰的解释,为教育工作者和决策者提供了强有力的蓝图。你将从本书中了解到认知心理学如何影响与促进学习和教学,认识到故事、情感、记忆、背景知识练习在构建知识和创造持久学习经验中的重要性,并据此给出了教育工作者提高学生的学习能力与精进自身教学技艺的方法建议。

- 中国教育学会副会长李希贵特别推荐,新教育实验发起人朱永新作序推荐
- 掌握学习的关键,构建科学的学习体系:

  记忆是思考的残留物

  思考能力取决于掌握的事实性知识

  原来学习知识也有“复利效应”

  利用分块记忆,突破工作记忆的有限空间

  长期记忆为何需要超量学习和间隔效应

  拒绝反复练习,就不可能精通任何脑力工作

  重塑智能需要持续努力

  技术并没有改变当代人的思考方式

  ……

- 入选中国教育新闻网2022年度“影响教师的 100 本书” TOP10
- 中国教育学会副会长李希贵诚意推荐，没有学习就没有真正的教育！
- “立足学生学习，为今天的教育从业者提供教学思维方式转变的详细指导，为 k-12 教育系统开启教学与学习的全新设计！”

重新定义学习

如何设计未来学校与引领未来学习

ISBN：978-7-5153-6748-4
作者：[美] 埃里克 · C. 申英格，托马斯 · C. 默里
2022-11　定价：49.90元

内容简介： 教育可以影响当下，改变未来。在面向未来教育时，学校与教师的职责是让学生为他们的未来做好准备，以获得更大的成功。本书为K12教育系统开启了教学与学习的全新设计。

- 如何打破传统教学壁垒，为学生提供深入探索的学习机会？
- 如何实施精确的学习任务，帮助学生为未来做好准备？
- 如何提供有针对性的反馈，使技术可以提高学习参与度？
- 如何设计以学生为中心的学习空间？
- 如何建立集体愿景和塑造学校文化？

埃里克 · C. 申英格　学习技术和教学领导专家，国际教育领导力中心（ICLE）副合伙人和高级研究员，Adobe教育领袖，畅销书作家。

在此之前，他是全球公认的创新实践学校——美国新米尔福德高中备受赞誉的校长。他成功领导了学校的变革，改变了学校的学习文化，同时提高了学习成绩。

托马斯 · C. 默里　卓越教育联盟项目未来预备学校的创意总监，畅销书《真实性学习：如何设计体验式、情境式、主动式的学习课堂》作者。

他倡导以学生为中心的个性化学习与真实性学习，同时引领着面向未来的数字化学习。他被教育策略机构（PR with Panache）评为“2017年度教育思想领袖”。